釘を使わずに木で美しい文様を創り出す「組子」。和室を彩る欄間から用途を広げ、最近は店舗内装に採用される機会が増えてきた。海外からのオーダーもあり、日本の伝統木工技術は世界で認められ始めた。

上）飲食店の内装例
京王百貨店新宿店
とうふ料理「吉祥」
設計・デザイン：リックデザイン
右）組子の文様・麻帯入

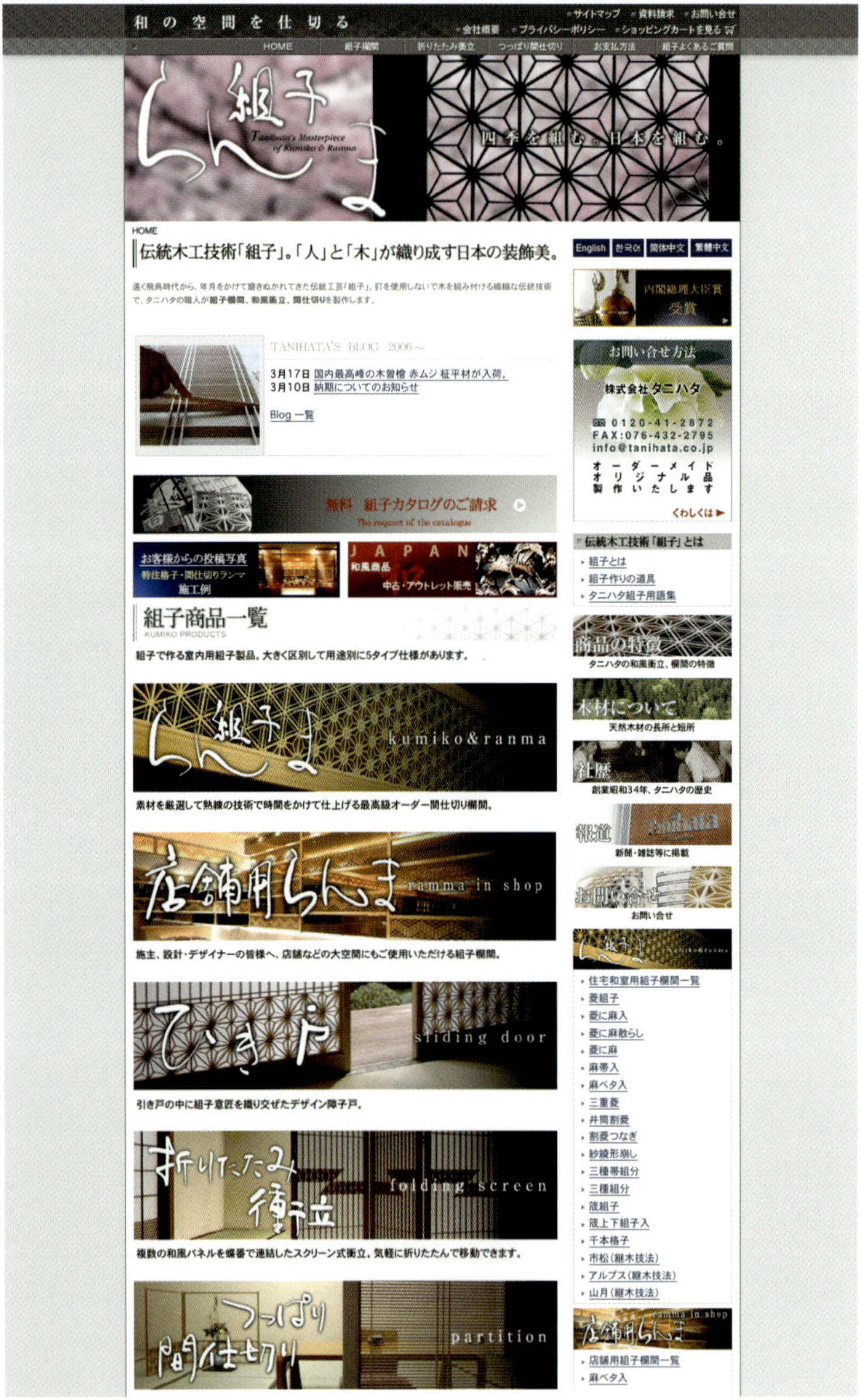

タニハタが「和」に再挑戦する契機となったホームページ
和のテイストを生かしたデザイン
http://www.tanihata.co.jp/

まえがき

初めにお断りしておくと、この本は「これをやったら売上が伸びる」「効率よく仕事ができる」「これを知ったら生活が快適になる」などの類の経営ノウハウ本ではない。

どちらかといえば、効率や損得などを優先する今の日本の考え方と逆の生き方といえるだろう。

本書は、伝統工芸を生業にする富山の小さな木工場の社長とその親、家族、職人達をめぐる実話である。何の偽りも虚飾もない、お恥ずかしい話も多い、ありのままの姿である。

なぜ、田舎の小さな工場の社長が一冊の本を出版することになったのか。世の中には私よりもはるかに成功している社長がたくさんいらっしゃるはずなのに…。

しかし皆さんも、今の仕事に、生活に、日本に、「これでいいのだろうか」と疑問を持たれることはないだろうか。「今ではこうするのが常識だから」と頭ではわかっていても、「何かしっくりこない、ちょっと腑に落ちない」というかすかな違和感を覚えている方には、同じ思いを感じとっていただければと思う。

皆さんが眠れない夜、必死になって探し続けたものと同じことを、私もずっと考え続けてきた。


もし、「こんな生き方もあるな」と少しでも共感していただけたなら、自分の心を裏切ることなく、新しい何かを実践してくだされぱと思う。苦境の中でも、少しずついろいろなことが変わり始めるはずである。

そうなることを心から願い、私はタニハタという会社の生き方を書くことにした。

目次

第七章　海を越える！職人魂

第一章

職人の仕事ぶりは「音」でわかる

◉仕事場から聞こえる玄翁（げんのう）の響き

「お父さん、何やっとんがけ？」

まだ私が10歳くらいの頃、お酒を飲みながら、体をじっと硬直させて耳をすましている奇妙な姿の父に話しかけたことがある。

私の問いかけに、父は少し気まずそうにしながらも、

「信夫…、ほら聞いてみろ。…聞こえろうが」と返してきた。

耳をすますと、
コンコンコン、
ドンドン、ドンドンッ、
カンカンカン…。
いつも聞き慣れた、職人達が「戸」を作る音が響いていた。

その頃は作業場と住まいが一緒になったブロック積み壁の小さな工場に住んでいた。継ぎ足し、継ぎ足しで建築した工場で、12畳ほどの木造作業場もその隣に建っていた。

「組子（くみこ）」という伝統木工技術を用いた和装建具作りをする富山にある

私の家では、ご飯を食べていても、テレビを観ていても、友達が遊びに来ても、いつもこの音が家の中に響き渡っていた。格子や桟（さん）を玄翁（げんのう）や打ちあて（木の大きな桟）で打ちつける音である。カナヅチのことを、この業界では玄翁という。

リズムよく叩く音、甲高い音や激しく大きな音、機械で木を削る大きな音、いろいろな音。

年末の忙しい時期は寝床に入っても聞こえてくる音である。体に染みついているくらいにいつも聞いているので、改めて父から「聞いてみろ」と言われても「ふ～ん…」程度の反応だった。

そんな私をよそに、

「うん、…今日はいい音しとる」と、嬉しそうに言いながら父は私の頭を撫でた。

父の手は肉厚でガサガサ、ゴツゴツした岩のような無骨な手だった。若い頃、仕事中に小さな木工機械で人差し指を切断しており、他の指よりも少し短かった。そんな無骨な手ではあったが、父に撫でられるととても嬉しかった。

「あんな音だけ聞いて、みんなの仕事のこと、わかるがけ？」

不思議な気持ちになり、父に聞き返した。

父は私の目を見て少し笑いながら、

「お前も大きくなったら、わかるちゃ」

と言い、また音を聞きながら、おちょこで酒を飲み始めた。


両親が事業を始めた当時は、配達車も加工機械も満足にない頃だった。

「仕上がった建具はリヤカーやバスでよく運んだちゃ。さすがに満員バスのときは大変だったよ」

「夜なべ仕事して疲れてオガクズの上でよく寝た。結構オガクズのベッドは暖かいがよ」

「機械場の柱に小さなあんたをヒモでくくりつけて、どこかへ行かないようにしながら仕事しとった。機械が回っとると危ないしね。今なら虐待しているって言われようね」

と、笑いながら昔話をする。苦労話であっても本人たちはあまり苦労と思っていないようだ。当時の自営業者は皆このような感じだったかもしれない。肝がすわった生活、時代の勢いがあったと思う。

親の姿を見て、小学生の頃には「父の跡を継ぐ」決意をしていた。


その決意が現実になったのは2003年6月だった。私は株式会社タニハタの二代目社長になった。

しかし、会社を取り巻く状況はかつての頃とは大きく変貌していた。社長就任の5日目、私は重大な仕事をしなければならなかった。

職人たちを集め、正座をして、

「給料の支払いを数日待ってほしい」

と頭を下げたのだった。

タニハタという会社は、職人の技と日本の住宅の中心である和室の隆盛に支えられて成長した。そして、その後の洋風ブーム・和室離れで逆風を受けることになる。

◉和室を彩る伝統木工技術「組子」

タニハタが生業とする「組子」は、飛鳥時代から続く日本の伝統木工技術である。木を薄く割ったものを組み合わせて格子状の模様を作る木工技術のことをいう。木工技術そのものを指すが、使用する桟のことも、仕上がった製品のことも「組子」と呼ぶことがある。

素材となる木材はまっすぐで素直な木目の杉、ヒノキ、ヒバなどの針葉樹を主流とする。針葉樹は鉋（かんな）仕上げをすることにより光沢が出て美しくなる利点もある。

今では少なくなったが、和風建築（和室）の中にある欄間、雪見障子、源氏襖、仏間、書院障子、天袋地袋…木製建具の中に組子の技術を見ることができる。飛鳥時代、中国から木造寺社建築が伝わるとともに日本建築の中に取り入れられ、日本人が好む繊細な意匠に変化を遂げ、今に至っている。

タニハタでは、組子職人が、組子製品＝組子欄間（くみこらんま）、格子の引き戸などを製作している。

組子は木の組み合わせから作り出すデザイン模様が特徴で、菱を基本にした菱組子と水平・垂直を基本にした組子をデザインの元になる地組（ちぐみ）とし、空

◀組子を利用した引き戸製品の例

▼ノミで削る

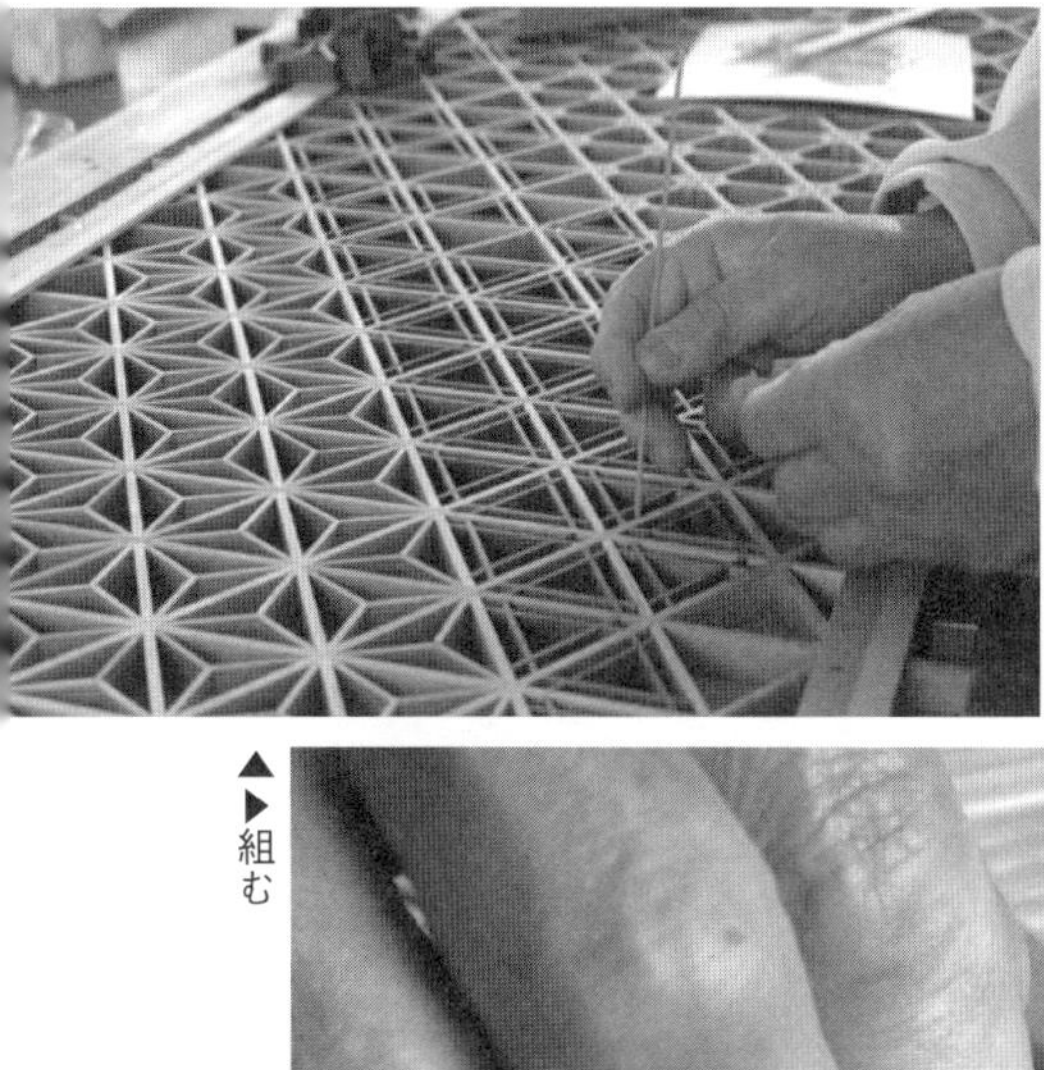

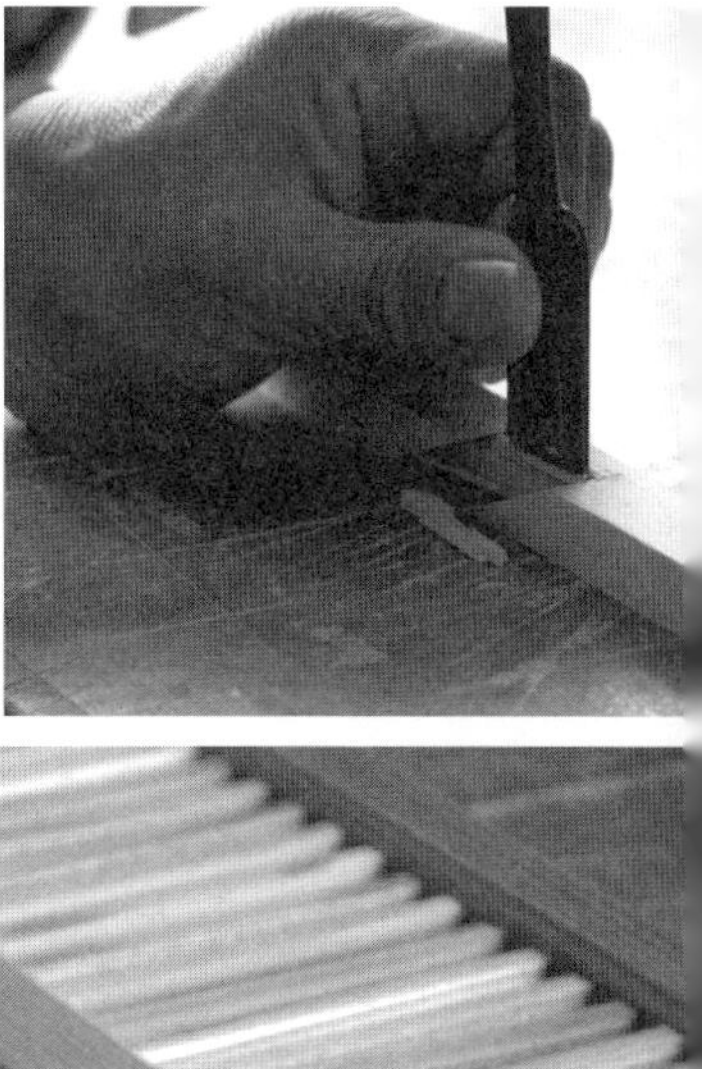

▲▶組む

き部分に葉っぱ(部品による模様)をはめ込んでいく。組み合わせは数百以上あり、すべてのデザインに精通した職人になるには途方もない時間と情熱を要する。

作業現場には、多数の道具や木工機械がある。鉋一つとっても10種類、木工機械は大小合わせて70台以上だ。

まず設計図面に従って木を一定の長さ・太さに切り、削り、挽き割って「組子の桟」を作るのだが、切削は0・1ミリ単位での加工が求められる微細な世界だ。細く挽き割った木に溝・穴・ホゾ加工を施し鉋や鋸(のこぎり)、ノミなどで調整しながら、1本1本釘を使わずに組み合わせ(組み付け)ていく。

木は薄くなるほどクセが出るので、ベテランは良質の材料を選別する目を持っている。

当社の組子製品は大半が注文を受けてから製作する受注生産品である。そのため、仕上がりの寸法から木と木がピタリと組み合わされるよ

▲組子製作の道具

うに緻密に計算し、コンパスも使って実際に寸法を割り込んで桟を加工する。

高度な技を持つベテラン職人の動作は無駄がなく、見学に来られた方から「美を感じる」と感想をいただくこともある。

ちなみに日本には現在約1200種類の伝統工芸品があるといわれ、そのうち国(経済産業大臣)が指定する伝統的工芸品は全国に211品ある。「九谷焼」「西陣織」「会津塗」「輪島塗」「井波彫刻」など地域に根ざす有名な工芸品は国から伝統的工芸品に認定されており、いろいろな補助を受けることができる。

一方、「組子」「組子欄間」はそういった有名な工芸品には属さない。また日本酒《SAKE》、寿司、能、歌舞伎などの「世界に通用する日本語」とも違い、あまり認知されていないといってよいだろう。業界人だけが知る小さな木工技術・製品であり、日本の伝統工芸なのである。

飛鳥時代から続いているといっても、当社が千年以上前に創業して「組子」を引き継いできた訳ではない。私の父・谷端敏夫が組子の道に入ったのは1956年(23歳の時)である。

中学を出てすぐ、土木仕事をやっていた父は、山の中での土木作業中、川に流されて意識不明の重体になった。意識と体力を回復した後、一念発起し、手先の器用さを生かせる建具業に入った。富山市の日新木工所で建具見習いをした後、埼玉県にある建具工芸研究所へ組子製作の弟子入りをしたのである。

職人になるには中学を出てすぐに修行に入るのが一般的だった。23歳と遅いスタートだった父は、何度も職人になるのを断られたそうだ。

「人の3倍は仕事をし、組子に全身全霊を注いだ」と言う。

そして、1959年に現在の富山県・富山駅北口近くで創業した。

創業時の店の名前は、「谷端 組子店」。創業間もなく母・垂子と結婚した。

組子という木工技術は、当時もあまり知られておらず、「〈たにはた くみこ〉という女性の方がお店の代表ですか」とよく聞かれたそうだ。

◉ものづくりの現場、職人の家

職人達は社員でもあり、兄でもあり、家族同様。そんな家族経営であった。取引のあるお客様（建具店）が、細かい仕事ができる当社に自分の息子を５年間の約束で修行に出すので、多い時は８人、修行中の職人がいた。今はもう募集していないが、２０１１年まで18人の若い職人が育って全国に散らばっている。

夜になると職人が集まってきて、母の作った夕食を、台所の横にある少し大きめのテーブルで肩を寄せ合って食事する。

土曜日や残業した晩はお酒が出る。職人達は皆、酒好きだ。夜は皆でワイワイ、ガヤガヤ食事をしている。

襖１枚隔てた隣の４畳半の和室にいる私と姉にはいつもその声が聞こえてくる。現代人なら騒音かもしれないが、気にならないどころかなぜか安心する。

「ボク、よく飛ぶ紙飛行機の作り方教えてやっぞ」

「バイク買ったから明日、後ろに乗せてあげっちゃ」

などと言って、若い職人たちはよく遊んでくれた。

娯楽も休日も少なく、つらい作業だったと思うが、だからこそ、そういうひときが輝いていたのかもしれない。

仕事に厳格な父には「趣味」という概念が無かった。自分の心がリフレッシュすることを「趣味」というならば、父の「趣味」は「仕事」と「お酒」ということになる。私の小さい頃の記憶の中には、父に遊んでもらった思い出がない。学校から帰っても、休みの日も、夜寝るときもいつも作業場か事務所にいる父の姿。日曜日のほうが職人達に気兼ねしないだけ自由に仕事ができるからだろうか。子どもの目から見ても、動きもポンポン快活なのがわかる。あいかわらず「カンカン」「ドンドン」とやっている。

母は片手にハケを持って戸に障子紙を貼ったりしている。

小学生になった頃のある休日、母が「車で配達に出かけるから横に乗ってほしい」という。

小さい子が車にちょこんと座ってお客様のところに行くと、「あら！可愛い」「ボク、これ持っていかれ」と言って取引先の女性がお菓子やアイスクリームをたくさんくれる。配達から帰ると手にはお土産がいっぱい。

そんな訳で私の小さい頃はコロコロに太っていた(今もコロコロだが)。

配達車は平べったいバンである。障子や襖は平積みで横にして車に載せなくてはならない。その作業はかなり腰に負担がかかる。20キログラム以上の建具を傷付けないようにゆっくりと車の後ろから積み込む。腰を引き震えながら手がプルプル、歯をくいしばり、顔が真っ赤になった母。

「おかあさん…、戸、持つちゃ」

その形相を見て、私は車から降りて建具の前を持った。人生で初めての「労働」であった。

その日から母が運転する車の横に、いつも座らされることになった。


時間があると作業場に行き、床に落ちている木の端材、コロ材を積み木がわりにして遊んだ。

職人達の足元に落ちているコロ材をたくさん集めて、木工ボンドや釘などで木の家、車、船、いろいろなものを作った。作業場の片隅で汗を流しながら黙々と作っていたよ、と小さい頃の私を知る人もよく話してくれる。

想像の世界では、空飛ぶ船も、地面の中を走る車も、海上を突っ走る戦車も何でもあり。自分はそれらを作り出す〈全能の神〉である。

どんな不格好で不揃いなデコボコな木でも、材料が山のように揃うとワクワクする。デコボコで不揃いの木だからこそ楽しい。

手を動かしてモノを作っていると頭の中でいろいろなイメージが湧く。

並べる。切る。貼り付ける。釘を打ち付ける。眺める。そしてまたイメージする。材料をまた集める…。

「ものづくり」は本当に楽しかった。

同世代の子ども達はプラモデルを購入して車や船、戦車などを作っていたが、私は違った。どんな種類のプラモデルを購入してもフタを開けた瞬間になぜか気持ちが萎えるのだ。出来上がる形が決まっているものを組み立てても何か盛り上がらない。やっぱり「木」の創作物にかなうものはない。

誰がどう言おうと、自分の頭の中に浮かぶものを作るのが最高！と思ったものだ。作ったものを道路や砂場、用水などに持ち込んで遊ぶのですぐに壊れるが、壊れたらまた、新しい創作を始める。

完成した工作品で遊ぶことより、〈想像し創り出すこと〉に夢中だった。

おそらく、全国の木工屋、建具屋、建築屋の息子は皆こんな幼少期だったのではないだろうか。

想像し、創造する素晴らしさ、楽しさをこの頃に自然に学んだと思う。


しかし、想像し作り出す楽しさは、子どもだけの特権ではない。

最近、当社では様々な年齢の一般の人達と「組子製品作り体験会」を開いている。組子を製作する前は面倒そうな顔をしていた大人達も、木を組み始めると目が輝いてくるのだ。

ネクタイを締めピリッとしたスーツを着て「こんなこと、なんで私がやらなくてはいけないの…？」といった顔をしていた人に限って、完成したあと「もっと桟を組ませてくれーっ」と少女漫画の主人公のように目をキラキラさせて私に訴えてきたりする。当初の表情とは違ってすごく生き生きしている。

ものづくりには「力」がある。

18世紀後半、イギリスに起こった産業革命は、農業文明社会から工業文明社会への移行を促し、機械設備を持つ大工場による大量生産を可能とした。いろいろ便利なモノが世界にあふれた。

一方でモノにあふれて生活するようになった現代の私達は、モノを購入するときは、地球資源のことや廃棄するときのことまで考えるようになり、自分の仕事、生活に必要なもの、本当に魅力あるものしか買わないシンプルな生活をするようになってきている。

たくさん作れるようになったものの、買い手が価値を認めた物しか売れない。ものづくりを得意としてきた日本の多くの製造業が、今、苦戦を強いられている。

しかし、それでも、ものづくりには、人を、社会を、世界を、歴史を動かすような大きな力があると信じている。

◉内閣総理大臣賞受賞

仕事ずくめの家庭だったが、父が44歳、私が11歳となった1977年に転機が訪れる。

全国建具展示会で、最高の賞である「内閣総理大臣賞」を受賞したのである。富山のタニハタの名前は建具業界に一挙に広がった。

当時、まだ精度の高い木工機械は普及しておらず、最初の工程（木取り作業）以外はほとんど手仕事の時代である。

出品した作品は、手で組み付けできないほど小さな桟を、拡大鏡を使用しながらピンセットで組み付けたものだった。しかし、仕上がり品は腕時計くらいの小さなサイズではない。書院障子と組子欄間のセットで、幅2メートル×高1・5メートルほどになる。組子専用の鉋などで1個1個、部材を作り上げる。

木曽檜、秋田杉、神代杉…有名ブランド木材の中から選りすぐられた木材を、再度、職人達が選りすぐり、最高の大トロ部分を惜しげもなく使用して木材を刻んでいく。

通常の組子欄間や障子などを2～4枚仕上げる場合、大雑把に木取りする職人がいて、その部材を元に、一人の職人が作り上げていく。デザイン、技術にもよ

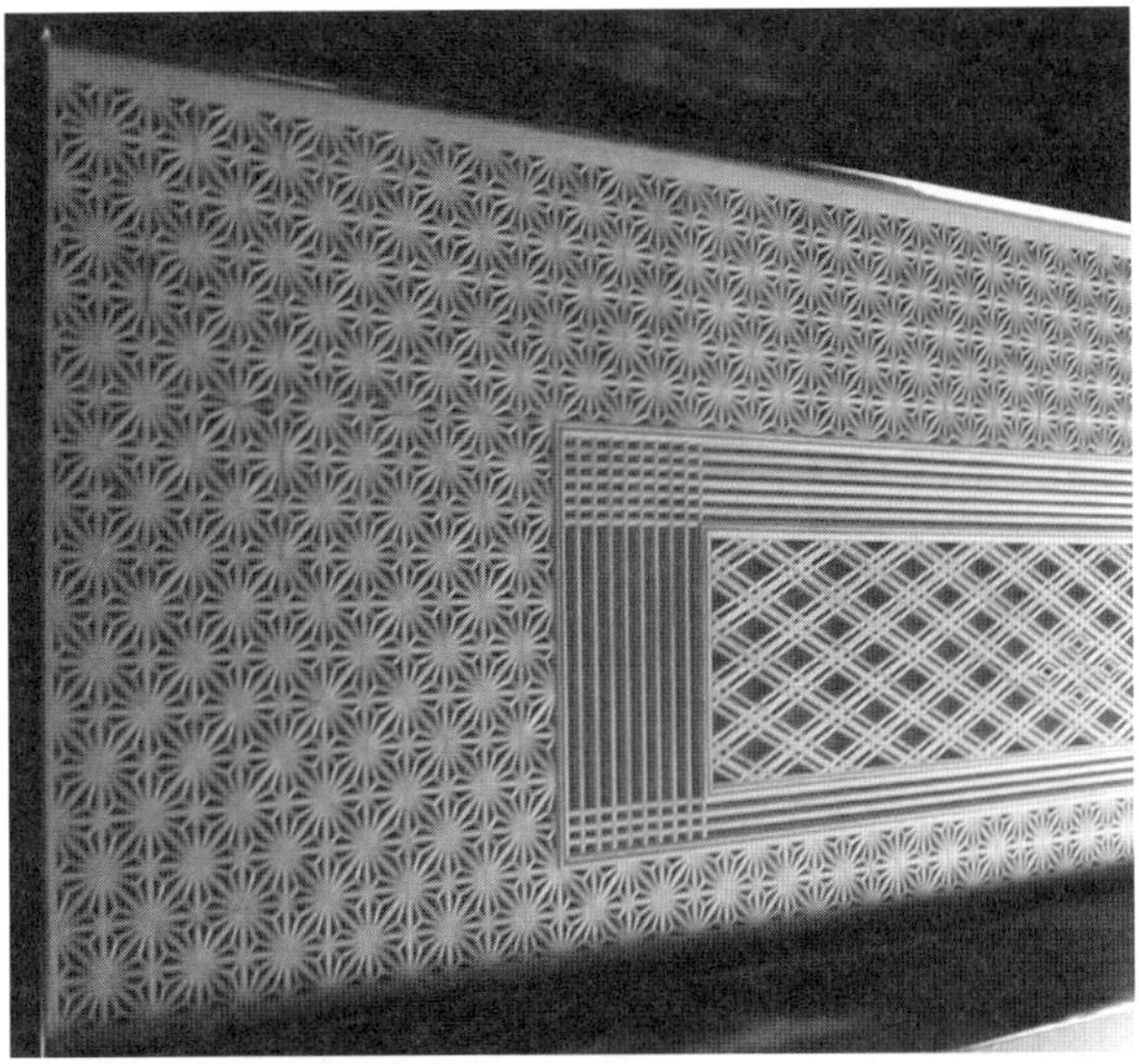

◀▼1977年内閣総理大臣賞
受賞作品

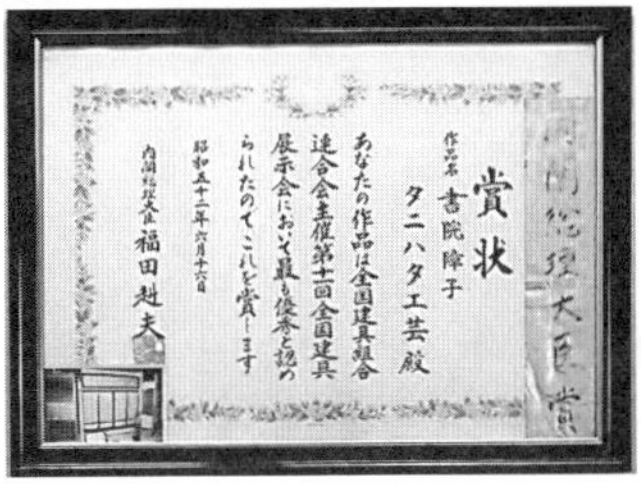

▲表彰状

るが、製作日数は数日から数週間くらいで仕上げる。もちろん一人の職人でもすべての工程を担当することもあるし、簡単な手元作業を若い職人に任せることもある。

しかし、展示会に出す作品の製作となると、要領が違う。ほぼ1年間、職人総掛かりである。デザインを考え、型をつくり、使用する木材とそこに用いる技法を考える。手でつまめないほどの小さな部品（桟・葉っぱ）を組み付けるときは精神を集中し、1回1回呼吸を静かに止める。人と会話して製作できるほど甘い作業ではない。

通常の仕事が終わった夜間、1個はめて、小さな玄翁でコンコンと打ちつける。そして、またそっと組み付けして玄翁でコンコンと打ちつける。

真夜中の作業場にコンコンコンと響き渡る。

独特の静けさや緊張感が作業場に張りつめる。

凛とした空気の中に、熱い思いが一つひとつの作業、動作に宿る。「一球入魂」という野球用語があるが、まさに「一組入魂」である。

そんな中で作り上げた作品が、業界で最高の賞を受賞したのである。

「内閣総理大臣賞」

北陸ではまだ、だれも受賞していなかったこともあり、仕事が急増。売上がどんどん増えた。

まだ私は小学生であったが、会社にすごい「勢い」を感じた。

いつも若い職人たちが駆け足するように仕事をしている。

電話が途切れなく鳴っている。

事務所にはいつもお客さんがきてワイワイと話をしている。

「建具職人」のぶっきらぼうで、ベタベタな富山弁丸出しの声がよく聞こえてきた。

飛ぶ鳥を落とす勢い——まさにこの頃の当社の姿であった。

「地の利」もあったと思う。

富山県は全国でも持ち家率が常にトップクラス。住宅（住宅部材）を見る目が非常に肥えている土地柄である。品質にこだわりを持つお客様に鍛えられて、製作技術は、より向上していった。

社名も「谷端組子店」から「タニハタ工芸」になった。

配達専門の社員も入り、配達補助の私はお役ご免（？・）になった。

「とにかく、作るのが追いつかなくて大変だったちゃ。全国から弟子入りしたい、という若い人も多くて断るのに大変だった」と、父はよく当時を振り返った。

会社は20人ほどの規模になったが、商品を売り込む営業マンは一人もいなかった。売り込む必要がないほど仕事が向こうからやってきた時代なのである。

◉6階建てのビル——職人の気概

そんな当社に大きな計画が持ち上がった。

作業場兼住宅の横の50坪ほどの小さな土地に6階建てのビルを建てる、というのだ。食事中、この構想を父から聞き、家族みんなご飯を口から吹いてひっくり返った。

作業場は富山駅から徒歩で15分くらいの場所であったが、まわりは田んぼだらけである。高いビルなどほとんどない。そこに6階建ての大きなビルができるなんて…。空想癖のあった幼少の私でもイメージできなかったが、「衝撃」だけは現在の東京スカイツリー並みのディープインパクトである。

「そんな恐ろしいものを建てて大丈夫かな？　お母さん」

家族の気持ちをよそに、父はどんどん6階建てビル建築計画を実行していった。青い設計図面ができて、地鎮祭があり、工事が進んでいった。

ある晴れた日曜日、父が私を呼んだ。

「信夫、建築中のビルの6階部分が出来たから登りにいかんまいい」

いつも下から眺めていたビルに、いよいよ登るというのである。外壁についている建築用足場からいそいそと階段を登る父の後をついていった。

下を見るとどんどん恐怖心が増してくる。ハァハァと息を切らして、やっと6階に到着した。先に上がっていた父の横に立った。

真っ青な空にそびえ立つ立山連峰が目の前に見えた。その前に自分が通っている小学校が見える。風がヒューッと吹き抜けた。「おーっ」と両手をあげて大きい声を出したくなった。

「どうや、信夫。気持ちいいだろ？」と、満面の笑みで私の顔を見た。

「下から見るがと全然違うね」

父はゆっくり頷いた。

「建具屋はの…、職人はの…、業界ではいつも見下されている存在ながやぞ。組子屋の職人でもやればできるがだ、という気概を見せたかったがよ」

「職人の気概」

小学生にしてはかなり難しい言葉であったが、今でも頭を離れない。そのビルは「気概」そのものであった。まわりに住んでいた住民の方々には申し訳ないが、誇らしい気持ちになった。

ただし、ビルが建った後、「ごうてい、金持ち～」「ぼっちゃん～」と同世代の友人からイヤミを言われたのには辟易した。大人になってからも「お前んち、金持ちだからなぁ」と同窓会でビルのことを話す友人がいて、子どもの時の印象というのはいつまでも残るものだなと思った。

私は父から、ビル建設に当時1億円近い借金をしたことを聞いていたので、これっぽっちも自分が金持ちだと感じなかった。むしろ「明日には倒産し、夜逃げして橋の下で暮らすようになるのではないか」と不安な毎日だった。

おまけに、高いビルを建てておきながら、両親が作った自分達用の部屋は、1階部分の6畳の和室と食堂テーブルを置いたダイニング、私の部屋もそのブロック作業小屋の2階・4畳半の個室に移動しただけ。以前と変わらない地味な生活だった。ビルのほとんどは製品の倉庫として使用したのである。

子ども心に、「なんでもっと自分達が住む部屋くらい立派にしないのだろう」と何度も思った。

私は地元の商業高校に進み、卒業したら大阪方面に組子修行に行くと決めていた。ところが、高校三年生になった春、父が私を呼びこう言った。

「高校卒業したら東京の大学に行け」

大学進学ということは全く頭に入っていなかったので驚いた。私がいる高校は進学校ではない。大学に向けた勉強なぞは全くやっていない。簿記やそろばんは得意であったが、当然それは受験科目ではない。

「なんでそんなこと言うがけ？」

頭の切り替えが出来ない私は、父に聞いた。

「今の時代、大学を出とかんと後で後悔するぞ」

隣で母もうなずいている。

中学しか出ていない父と母だったが、いつも「仕事はの、実力がすべてやちゃ。学歴なんか関係ないわい」と、学歴など全く気にしていない様子だったので、その言葉は意外であった。

職人仲間、建具業界では一目置かれる存在とはいえ、業界を一歩出ると、悔しい思いもたくさんしたのであろう。ギリギリのタイミングで進学を勧めたのは本人達にも迷いがあったのかもしれない。

結局、高校推薦で東京の私立大学を受けることになった。親の意見に左右されて進路を決めるというのは、大学に行きたくてもいけない友人からみれば、「坊ちゃん2代目」ということになるのだろうか。

第二章

和から洋へ——組子を残すための決断

◉家業を継ぐ

内閣総理大臣賞受賞の技術力と住宅需要に支えられ受注が増加。6階建てのビルも建設した。職人の気概で父は会社を伸ばしてきた。

ところが、1992年頃から売上が急激に落ち始めた。

バブル経済が崩壊したこと、住宅の着工数が減少したことも原因だが、もっと根本的な問題に、若い人の「和室離れ」があった。

和室は、襖、障子戸、仏間、欄間、書院障子など建具製品がずらりと並ぶ。まさに組子建具の出番なのだ。それまでは家が建っただけで注文がごっそりきた。当社に営業がいない理由はここにあった。

しかし90年代になると、若い人達はフローリングにベッド、ソファにお洒落な洋風インテリアで生活。「高くて使えない和室なんていらない」という生活になっていた。

ハウスメーカーや工務店側も安価な洋間のほうが売りやすいこともあり、需要側、供給側の思惑が一致してどんどん和室が無くなってきたのだ。

大学を出て東京の建材メーカーに就職していた私は、会社の経営事情を聞き、家を継ぐ決意をした。

その建材メーカーでは営業の基本をきっちりたたき込まれた。上司は破天荒で個性的な人達ばかりであったが、皆、人が良く、あと10年くらいは東京にいるつもりだったので悩んだが、結婚して子どもができたこともあり、後ろ髪を引かれる思いで8年住んだ関東を離れることになった。

東京のアパートを引き払い、久しぶりに実家に帰ってきた。

両親の部屋に行くと、御膳4つにお頭つきの鯛が載っている。たった一つの6畳の和室に各自の御膳を置き、4人で輪になって正座した。

乾杯を前にコップを持った父が、

「よう、帰ってきてくれたの…。よー、帰ってきてくれた…」

二度同じ言葉を繰り返し、満面の笑みを浮かべた。

「あ、そうか。自分が東京で生活しているときは、富山を忘れることもあったけど、こっちはずっと待ちわびていたんだな…」と父の顔を見て感じた。父59歳、母54歳になっていた。父は翌年、還暦である。

酒を酌み交わしながら「お父さん、商売の方はどうけ?」と聞くと、

「ん…。まぁまぁやちゃ。ただ、消費税が出来てから、組子欄間とか書院障子のような高い仕事は減ったぞ」と答えた。

父は仕事の話になると眼光が鋭くなる。

「おれは営業の仕事を東京でやってきたけど、最初にやっぱり現場に入ったほうがいいかの」

「そうやの。まず何やるにしても最低5年は修行して、組子の基本は身につけんとあかんぞ」

5年間…。少し不安になった。私は東京の建材メーカーで営業をして全国の家具産地などを回っていたが、全国的に見るとすでに「和風商材」というのはほとんど売れていなかった。

住宅に対して特別の意識を持った北陸だからこそまだ和室、和風住宅は残っていたが、若い人の好みが北陸だけ違うということは決してないはずだ。いずれ北陸にも住宅の低価格化、洋風化の波はやってこよう。

5年後から営業に回っても間に合うのだろうか、とふと思った。


事務所に入り、台帳の数字を見ると、父の言葉どおり、高級な組子欄間や書院障子などの仕事は減っていた。ただすべて注文が無くなった訳ではない。それに相変わらず、組子障子などの仕事は入ってきているようだ。

少し安心して作業場の近くに借りた賃貸マンションに帰り、富山での修行生活を始めた。

◉職人の根っこを作る

それから職人としての生活が始まった。

職人として最初に戸惑ったのは、寸法である。

ミリやメートルではなく厘や尺や寸、間（けん）の単位…。そう、寸法の単位にまだ「尺貫法」を用いていたのである。

　３０３ミリを一尺、

　３０・３ミリを一寸、

　３ミリを一分、

　０・３ミリを一厘。

六尺は一間という単位である。

お客様から注文をいただくときは尺寸法で記入してある。

最初は尺で言われても全くピンとこない。「面倒だな～。何でミリにしないのだろう」と思ったものだが、使い始めてみると、なるほど「尺」や「寸」の方がしっくりとくるのがわかった。

定規を見るとその理由がわかる。尺寸の方が圧倒的に測りやすいのである。

たとえば、３センチをミリで測ると線が30本である。

寸尺で測ると20本。

空きの間隔はどちらが大きいかおわかりであろう。

また、ミリは同じ線が続くが、寸は長い線と短い線が交互に続くので、読み間違いが少ないのである。現場では薄暗い場所で仕事をすることがあり、自然、職人は「寸」で寸法を採る。


機能的な面だけではない。感情的なもので話すと…。

ミリは味気ない。

「400ミリで作って」と言われても、何の感情も起きない。

しかし「一尺三寸二分で作って！」と言われると、「よっしゃ！」と答えたくなる。気が引き締まる。

この微妙な感覚は使用している方には理解していただけるだろう。言葉に勢い、「気っ風」を感じるのである。

「一寸の虫に五分の魂」と「30ミリの虫に15ミリの魂」――どちらが良いだろうか。最近、他にも「日本語って何て素晴らしいのだろう」と感じることが多くなった。一つの言葉の中から人の心情を察したり想像力を試されることがある。

そんな日本にいることに小さな感動を憶えたりする。

若い建築関係の方に尺寸で返答して「はぁ？」と言われると余計にムキになってしまう自分がいる。もはや私が化石になってきたということなのか、と反省したりもする。

永六輔氏は、政府によって過度に排除された尺貫法の復権を志す運動を起こされたとのことだが、こういう日本語の味わいのわかる方が、どうして日本からいなくなってしまったのか。

竹の栈に、尺や寸の目盛りを書いただけの定規＝竹尺が私の机の横にいつも置いてある。数字は書いてない。

今でもたまにこの定規で寸法を測る。「勘」が衰えてきたと感じる時に。


そうやって職人としての日々を戸惑いながらも何とか過ごしていった。職人修行時代というのは、自分の内面との戦いなのかもしれない。つらい立ち仕事で毎日毎日、単調な作業が続くこともある。人と会話しない日もある。雪や灼熱の太陽の下で木材運びの仕事もある。週1回の休日さえもなく出勤する日が1ヶ月以上続いたりもする。

何でこんなことをやっているのか。

これをやっていて意味があるのか。

ものづくりが好きで入ったはずなのに、他にもっとやらねばならないことがあるような気がしてならない。

しかし、こういう下積みの時期を飛ばしてはならない。

人間として、職人として、根っこが生えてこないからだ。
ふわふわ、ふわふわ…どこでも飛んでしまう。
材料や製品が向こうから話しかけてこない。
汗をかいている人を見ても心からねぎらう言葉が出てこない。

向上心も、優しさも、気概も、下積みで決まると思う。

◉類人猿とインターネット

職人修行中の1993年、思い立ってアップルのパソコンを購入した。

なぜ組子職人がパソコンなのかというと、新しい組子製品のデザインをするのが目的であった。

高価であったが、新車を購入するところを中古車にしてまでも欲しいものであった。「Macintoshセントリス660AV」という機種である。メモリは16MB、ハードディスクは230MBであったが、これを購入する前に持っていた味気ないDOS-Vマシンに比べると夢のようであった。AVと語尾についているだけあってビデオとの連携に優れていた。

この頃、個人で撮影したビデオカメラの映像に音楽や文字を入れたりすることができるパソコンは（クアドラAVという機種以外）無かったのではないか。友人の結婚式でビデオ撮影しては、音楽やテロップを入れて記念にプレゼントした。

当然ながら友人達は驚く。

「これ、お前やったんか？　どうやったがよ。すごいぜー！」

「いやいや大したことないよ。ボクじゃなくてマックがやってくれたのさぁ」みたいなノリで調子に乗ってあっちこっちでビデオ撮影と編集をした。

これ以外にも、仕事が終わってから表計算やワープロ、データベースソフトで会社の業務をこなし、カタログを製作し、デザイン製作ソフト、デジカメのない時代にフォトショップ（画像処理ソフト）までインストールし、夜遅くまで組子商品のデザイン製作に没頭していた。

パソコン1台で自分の能力、いや、会社の能力までもが飛躍的に上がったような感覚に陥った。

そうこうしているうちにインターネットの時代がやってきた。

1996年4月1日、国内初の商用検索サイト「Yahoo！ JAPAN」がサービスを開始。どのパソコン雑誌を見ても、〈インターネット特集〉である。とりあえず、自分のパソコンにつないでやってみることにした。

ブラウザ（閲覧ソフト）は、今のように無料でパソコンやOSについている時代ではない。4000円ほどでネットスケープというソフトを購入した。普通の電話回線をひっこ抜いて、モデムとパソコンをつないだ。設定がまた、とてつもなく意味不明であった。聞いたことがない片仮名が並んでいる。そこにどう入力すればいいか全くわかない。

インターネットをさせないように仕組んでいる悪の組織が存在して、「面白そうじゃ～ん、インターネットをやってみよ～♪」という軽い連中を排除しようとしているのではないか、と疑うくらいに複雑な設定であった。

いろいろな人に電話して聞いて…どうにか設定を終えて、起動してみる。ピィ〜〜〜〜ヒョロ、ヒョロ〜〜〜。ンガーッ、ンガーッ。できそこないのお化け屋敷みたいな音がして、ゆっくり画像が現れた。ヤフーの画面である。正直、今見ると当時はショボショボのページデザインである。私でももう少しマシなデザインを作れると思う（The Waybback Machineというサイトに入り、アドレスを入力すると昔のホームページをみることができる）。

しかし、インターネットビジネスは発想力がモノをいう。やったもん勝ちみたいなところがある。これはフェイスブック創業時を題材にした映画「ソーシャル・ネットワーク」を見たときも感じた。

想像してアクションを起こす。何もない大地に創造する。発想が優れたものである場合、それを資金的にサポートする土壌がアメリカにはあるのだ。

とにかく、アメリカで生まれたインターネットでホームページを閲覧する初めての行為に、私は「身構えモード全開」である。初めて文明に触れる類人猿とそう変わらない。

恐る恐る検索したいものを四角い窓に文字入力して「検索」ボタンを押すと、いろいろなホームページが出てくる。たとえば「住宅」と打ち込むといろいろな住宅メーカーのホームページが出てくる。さらにクリックしていくとそのハウスメーカーの情報がわんさか出てくる。情報を簡単に調べることができる。

便利さに驚いたが、そこは「類人猿」である。

こんな便利なことが無料でできる訳がない。きっと〈悪の組織〉から莫大な請求が来るに違いない。そう思い込み、初めてのネットサーフィン(!)はそこそこに終わった。


その頃、グラフィックデザイナーの高才弘(コウ・ジェホン)氏と仕事をするようになっていた。彼は在日三世の韓国人である。アメリカでデザインの勉強をしたのち、東京でのフリーランスを経て、コーズというデザイン会社を立ち上げ、縁あって富山に移住してきた。

こよなくマックを愛し、ウィンドウズなど目もくれないコテコテのヘビーユーザーで、普段は企業のロゴデザインなどをされている。

「高さん、インターネット、やったけ?」

「いや〜、まだです。谷端さん、やった?」

「もちろんですよ。いや〜、あれは便利だ(類人猿がよく言うわい)」

「ところで高さん。ホームページを作ると日本中どころか世界中に商品を売ることができるがだって?」

「そうみたいですね」

「ホームページ作ってみませんか?」

「面白そうですね。やってみますか」

こんな軽いノリで始まり、二人でやり取りしながら記念すべき初めてのホームページが出来上がった。

が……。

製作してから1年間の反応は、問い合わせが1件、カタログ請求が1件だけであった。父から、

「おい、ホームページとやらは、注文きたんか?」

と何度か聞かれたが、「これから世界中に組子欄間を売る」と息巻いていた私はバツが悪くて、うやむやの返事でごまかしていた。

インターネットでビジネスなんて幻想だ――簡単にあきらめ、その後4年間はページ更新もしない有様だった。

その4年の間に、当社の売上は急速に降下し、あっという間に経営危機に陥ったのである。

◉洋風商材で活路を開く

組子欄間はもう売れなくなっていた。他の書院（組子）障子も同じである。和室が減り、若い人は洋風の生活スタイルになってしまった。その若い人が歳をとったからといって和風の組子欄間を自分の家に取り入れるだろうか。

そんな訳ない。

もう組子欄間の時代は終わる。

和風商材は売れなくなる。

私はそう感じていた。昔から付き合いのある建具店が2社倒産したのも、そう思った要因である。

当社も今までに輪をかけて、急激に売上が落ち込んできた。

どうするのか。

私は、組子の技術を洋風商材に利用すれば活路が開けるのではないだろうか、と考えた。

ラティスという製品をご存じだろうか。lattice＝日本語で「格子」である。一般的にアメリカの家庭などで使用されている格子状の屋外木製フェンスをいう。ホームセンターなどでも販売されているのでご覧になった方も多いと思う。

◀ラティスの使用例（室内）
▼ラティスの使用例（屋外）

▼ラティスを紹介するチラシ

海外のラティスは桟の交差部分を釘や木ネジで固定している。

私は、このラティスを〈釘を使用しない組子技術〉で作れないかと考えていた。

そう、「組子のラティス」である。

釘を使わなければ、屋外で使用しても釘が錆びて耐久性が落ちることもない。室内で使用して子供やペットが触れても安全である。釘が数百本も刺さっているよりは、無い方がもちろん綺麗で美観を損なうこともない。

これで洋風の暮らしに合わせた新しい需要を開拓できるのではないだろうか。父に相談すると、思いのほか賛成してくれた。

頑固な父ではあったが、こういうところは非常に柔軟な発想ができる人だった。「組子」という技術が残るなら、形は変われどそれも良し、とした。

伝統技術を残す。そのために、あえて洋の製品に取り組むのだ。

二人で何度も話し合い、試作品を作った。


洋風商品の小売販売となると、従来の販売ルートは利用できない。営業マンはいないから、製品開発に加え新規顧客開拓も私がやるしかない。

試作品を持って、大手ホームセンターや百貨店、園芸店、通販業者などに直接、売り込みに行った。

朝3時、車に試作品を載せて一人で富山を出発。東京の有力店を回った後、夜中の1時に帰宅。翌日3時、今度は大阪に出発する。

今思うと異常な行動だった。何とかしなければとの焦りで、もう頭がいっぱいだった。とにかくガムシャラにやるしかない…。

父が築きあげたこの会社をつぶせないという思いが強かったのかもしれない。


「飛び込み営業」というと、入口で断られることが多い。さらに大手小売店のバイヤーとなれば会える確率もほとんどない。門前払いされることが続き、効率が悪いので、いろいろ考えた。

訪問前に「新しいタイプの商品を開発したのでサンプルを送りたい」と電話で話すと、ほとんどが「まぁ、それなら…」と担当者の名前を教えてくれる。組子ラティスのサンプルをお送りした後で再度アポ取りすると、「とりあえず話だけは聞いてあげよう」ということになる。

そこからは営業力の出番である。

といっても、あれこれ上手にトークができるタイプではない。ストレートしか投げられない投手のごとく、大きなサンプルを前に、この製品がどれだけ手間をかけたものであるか懸命に説明し続けるだけであった。

しかし、「組子のラティス」は品質も良く、珍しい商材ということもあり、初めて見た小売店のバイヤーからの評価は上々だった。

「まぁ、一度置いてみるか」——そんな感じで取引が始まり、店頭に陳列するとお客様の反応も良い。

どんどん取引先が増えていった。

私の選択は間違いではなかった。組子で洋風商品を開発し、新しいお客様を開拓する挑戦に、手応えを感じた。

◉職人のセールストーク

小売店飛び込み全国行脚の一方で、展示会に出展し組子製品の物販も試みた。「花と緑の祭典」「ガーデンフェア」のようなお花が趣味の人をターゲットにした展示会である。

実は花と組子は相性が悪くない。組子をバックに花を飾るととても映えるのである。全国のいろいろな展示会に参加した。横浜、名古屋、三重、静岡…。もちろん地元でもやった。

1コマ・奥行き2メートル×幅3メートルくらいの小さなスペースを借り、組子製品をPRして、売るのである。

組子のサイズは小さなもので15センチ角くらいのものがよく売れる。組子製品を棚に並べると、珍しいのか様々な方が見に来てくれる。多いときで1日1万人以上の人が訪問してくださった。特に日曜日の午後などは、人がすごい勢いで押しよせてくる。

私一人では到底、対応できない…。そこで職人の登場である。

そう、組子職人達に事情を説明し、販売員をしてもらったのだ。

普段、「寡黙」が売り物の職人達である。

とにかく最初のひとことと「いらっしゃいませ～」の声が出ない。やっと出たかと思うと、蚊の鳴くような声である。

組子製品は女性の人達から受けが良かった。しかし女性客から質問されると顔が真っ赤になり、また、声が出なくなってしまう…。

お買い上げいただいた後は「ありがとうございました～」の一言が出ない。「あにがとう…ぎょ、ぎょじゃいました～」と、口から血が出ているんじゃないかと思うほど言葉を噛んでしまうのだ。

接客などが苦手だから職人を選んだ面もあるのに、寡黙なはずの職人になってから販売員をさせるとは、本当に酷な経営者だったと思う。

しかし、中には生き生きと立ち回る職人もいた。

職人・高島敬は、人と話していると目がキラキラしてくる。しゃべり方が、フーテンの寅さん風である。彼は寅さん映画のファンで、無意識のうちにしゃべり方が似てきたらしい。

しかし、悲しいかな、ベタベタの富山弁丸出しの寅さんなので、県外に行くとほとんど言葉が通じない(しかも、彼はそこに気付いていない)。

話している人のお顔を横からそぉ～と覗くと、フンフンと頷いてくれているのだが、頭のまわりに「?」マークが回っているのが、私にもわかった。

でも、そんなことお構いなしである。

富山の寅さんは、まっすぐに話し続けた。

興奮するとパンパンと木栈をテーブルで叩いて、バナナの叩き売りのようなスタイルになる。時には鉋や玄翁を取り出し、お客様の目の前で汗を流しながら組子製作を行う。

お客様はその姿に感心して、知らず知らずに買い物をしてしまう…そんな感じであった。家に帰ったら「なぜ、あそこで買い物したのかしら?」と思っているに違いない。

小手先の褒め言葉や心の入らないセールストークは相手の心を打たない。

売りつけるのではなく、製品の良さをわかってもらおう――その一生懸命さ、一途さがあると、たとえ言葉が通じなくてもお客様の心を打ち、固い財布のヒモが緩むことがあるのだと、セールスの基本を職人の彼から教えてもらった。

そんな感じで、展示会での職人達は、下手ではあるが一生懸命である。

顔つきが明らかに工場内のものと違う。

お客様から何を言われてもニコニコと笑う者、目を大きく見開いて命懸けの表情で売り込む者、お客様の目を見ると緊張するので目線を横に向けて話をする者…。なかなか個性的な面々である。

昔のタニハタは、ひょっとすると建具を買うお客様のことをイメージしていいなかったかもしれない。

ものづくりは一つ間違うと「自己満足」的な製品作りに陥ってしまうところがある。しかし、展示会の実演や販売は自分達が作ったものを直接、個人のお客様に購入してもらうのである。職人としてこれ以上の勉強はない。

お客様の手から直接現金をいただき、商品とお釣りをお返しする。お客様の生の感想がストレートに返ってくる。

そして、1枚数百円の物を売ることの大変さ、大切さ、お客様のありがたさが骨身にしみてくる。


1回目の展示会が終わったときのことである。

開始前は苦痛な表情を浮かべていた職人達が、「また、やりましょう！」と熱い目で私に訴えてくる。そして「次はあの商品を並べてみましょう」と言うのである。販売の楽しさを理解したようだ。

富山の寅さんにいたっては、展示会販売用に新しいスーツまで購入したというのである。皆、やる気満々だった。

その言葉を聞いたとき、私は心から嬉しかった。本当の意味で「お客様の立場に立ったものづくり」ができる、と胸が躍った。

◉ヒットした「組子のラティス」とお墨付き

「組子のラティス」は市場に評価され、「大量生産」を前提に製作プロセスを考える時期を迎えた。ガーデニングブームということもあり、注文の入り方に勢いがあった。

私は大量生産に向けて、設備・場所の拡張を考えた。

昔からある小さな作業所と鉄骨作りの古い作業所の2ヶ所（第二工場と当時呼んでいた）では、手狭のため大量の注文に対応できない可能性があった。

いろいろな人に相談すると、公的な制度の利用を勧められ、1998年に「中小企業創造的企業活動企業認定」（当時）の書類を書いて富山県に申請した。

「お墨付きをもらう」という言葉がある。辞書で調べると「権力・権威のある人の与える保証」とある。お役所から「あなたを認めた」と言ってもらうのである。

機械など設備を購入するときに補助金が出る、安い金利で融資が受けられる等々のメリットがあり、個人のお客様にとっても、当社が公的機関から認定されているのは安心できる。

一つの信用の目安になるので、利用されたことがない方は一度利用をお勧めする。

公的申請において、一番頭が痛いところが申請書類を書きあげることである。普段、こういう書類を書いたことがなかった私は、こめかみの辺りが締めつけられるようだった。

しばらくして封書が来た。県知事の名前で「あなたは認定されました」とだけ書いてある。

「はあ？　これだけ？」

ぺらぺらの紙切れが届いただけである。正直、ピンとこない。

江戸時代なら遠山の金さんみたいな偉い人の前に出て「お墨付きを与えるぞ」「へへ〜」となるところだが、紙切れ1枚では喜びがまるで湧かない。金融機関から「融資させてくれ」と来る訳でもなく、何も変わらない。

しかし、その後ちょっとした変化が起きた。

地元新聞社から掲載の依頼があったのだ。公的情報はプレスリリースといってマスコミに向けて一斉に発表される、ということも後でわかった。

地元新聞であるが掲載面は社会面である。経済面ではない。テレビ番組欄の裏面で社会性の高いニュースを主に掲載するところで、ある意味1面よりもよく見られるかもしれない。そこに「崖を登る中小企業」という記事で大きく取り上げられたのである。

普通は事件を起こしたニュースが載る場所である。

実際、取り上げられた日、私の会社の記事の周りには「有罪判決」「毒物」などのニュースが掲載されている。

記事の内容は「伝統木工技術で崖を登る」というタイトルだった。紹介していただくのはありがたかったが、記事の中で「谷端信夫氏は仕事の無理がたたり血を吐いた…」と書かれてしまった。

確かに間違いではない。

ある日、のどの調子が悪いので痰を吐いたら血だらけになっていたことがあった。取材後、記者の方を会社に送る車の中で、なんとなく話しただけだったのだが…。

しかし、記事を読んだ方は幕末の偉人、高杉晋作ばりに、たくさん喀血したイメージがあったらしく知人、友人、親戚からたくさん電話をいただいた。中には「もう長くない…」と心配される方も現れたのには困惑した。

お墨付き。

「上手に利用すれば」という但し書きが必要であるが、有効である。ただしマスコミ取材には要注意である。

◉ベテラン工場長から告げられたこと

ラティスが市場に評価され数字が伸びてきたときである。

ある夜遅く、工場長が事務所に入ってきた。私が生まれる前からこの会社にいる人で、現場の最高責任者である。

父と私の前で、彼はいきなり土下座をした。そして言った。

「会社、辞めさせてくれ」

私達は驚いた。

彼は純粋な組子職人である。

良い組子物——組子欄間、組子障子だけを作りたいというのだ。

ただ、それだけである。

市場から和風商材がどんどん消えているのは事実だった。そこで代わりに洋風商材を開発した。

父は職人といえども経営者である。心の底では組子欄間を作りたいと思っているはずだが、働いている職人達の「雇用」「生活」を最優先に考える。

和風の商材から洋風の商材に変えることも、職人を守るために仕方ないことだ、と知っている。

しかし、働いている人はそう思わないようだった。

――ラティス？　そんなカタカナのものは組子でも何でもない。

若い息子のやることはわからない。

組子職人の出番ではない。

給料も上がりそうにない。

タニハタに未来はない。

もう、ここにいる必要はない、と。


私が逆の立場だったら、同じように考えたかもしれない。

優れた職人は最高の技術、難しい仕事を常に目指す。そういう職人だからこそ苦しいことにも耐えてきたのだ。

組子職人は「天から与えられた仕事」だ。海外から来た製品〈ラティス〉では天を目指しようがないのだ。


私は申し訳ない気持ちでいっぱいになった。職人の雇用を守るための決断が、逆の結果を招いてしまったことに。

この人とは小さい頃からたくさんの思い出があり、恩がある。まさに家族同然の人である。

父は、職人とその家族を守ろうとする職人であった。

工場長は、職人としての意地を通そうとする職人であった。


——職人とは何だろうか。

——どちらが正解なのだろうか。

わからなかった。

ラティスを開発する時点で職人達とはよく話し合ったつもりでいた。しかし、数日の議論で解決できるほど簡単な問題ではなかったのだ。

「和風の組子製品がなくなったわけではないし、まだまだ出番はある」と、父と二人で諭したが、やはり、工場長は会社を辞めるという。

会社の前で工場長を見送った。

「仕方ないちゃ…」

父はそう一言だけつぶやいた。

◉上げ潮・下げ潮

人は上げ潮、下げ潮に巻き込まれているとき、その状態が永遠に続くかのような感覚に陥る。バブル経済のときは、上げ潮がずっと続くような、また、景気が悪いときは下げ潮がずっと続くような気がする。

1999年、タニハタを猛烈な上げ潮と下げ潮が襲った。

「組子のラティス」はすこぶる評判が良かった。ガーデニングブームということもあったが、「比較的低価格で勝負したこと」と「室内でも使用できる品質を確保したこと」で受注数量が伸びた。

大量注文もいただけた。体制が十分でなくとも「できません」とお断りする訳にはいかない。断ったら後がない…。職人達は必死に入ってきた注文をこなした。しかし大きな注文が重なると、展示会めぐりで得たお客様に対する前向きな気持ちも薄れ、仕事も粗くなりやすい。細かいことが大事な仕事なのに、細かいことがおろそかになりがちだった。

一方で従来の組子欄間、和風建具の注文は激減した。

中心的な取引先であった富山県内の建具店では、職人の高齢化、和風建築の減少、和室離れ、住宅着工数の減少と、マイナス要素が一気に吹き出したのだ。

こうなると、ラティス大量生産へのシフトは当然の流れに思えた。

工場長の思いもわかるし、組子欄間も無くしたくない。葛藤は消えないが考えを決めなければならなかった。

――組子欄間はもう日本人が見捨てた商品だ。こんなのあってもなくても私達の生活には影響ないよ。

組子の柄は縁起がいい？

良い材料を選別して使っている？

心を込めた商品づくり？

それがどうした。

恰好いいこと言っているんじゃない。注文がなければ、売上がなければ意味がないじゃないか？

倒産しては何にもならない。このまま何も手を打たないと組子欄間とともにタニハタは消えてしまう。

古くさい考えも伝統もすべて切り捨ててしまえ！

多くの注文をこなすために第二工場の敷地内に新工場を増築した。土地も少し買い足した。

ラティスは上り坂である。注文は入ってくる。この状態は私がいる限り、ずっと続く――私は自分に都合のいいように未来を見通した。

富山県のお墨付きを得たのがきっかけで、銀行からは長期で低利の融資が受けられた。

ラティス量産用の機械も購入し、試作のための補助金もいただいた。人も雇い入れ、古い工場部分の内装も貼り替え、すべてを一新した。

自分はまもなく社長になる。経営は数字である。損するか得するかである。生き残らなくては意味がない。和風の組子欄間はなくなるが、姿を変えて洋風なインテリア商材として「組子」は生き残る。現代の生活にあった新しい製品になり生き残ってみせる。

何度も何度も、自分に言い聞かせた。

◉経営者の覚悟はできているか

経営者として必死に生き残り策を考えていた自分であったが、まだ覚悟ができていないと思い知らされることがあった。

新工場を建てた1999年の11月のことである。

夜10時頃、仕事が終わり家にいた私に電話が入った。

うちの工場から煙がでている、というのだ。工場の近所に住む人が電話してくれたのである。

頭の中が真っ白になり、すぐに出る用意をした。外を見ると雪がチラチラ降っていたので厚手のコートを探してそれをはおり、車に乗り、家を出た。

工場に着くと電話のとおり白い煙が出ていた。中も煙が充満している。

工場の裏の敷地に父がいた。声を掛けようとしたのだが、その姿に私は息をのんだ。

ステテコ1枚、半裸で立っている。足は裸足である。ステテコはビチョビチョに濡れて足とパンツが透けて見えている。雪が裸の背中に積もっていて、背中からふぁ〜と湯気が上がっている。

手には水道ホースを1本持っている。そのホースで火の元を消していたのだ。「鬼気迫る」という言葉があるが、まさに鬼がそこに立っている。暗闇の中で浮かびあがる、その裸の背中は、ぬくぬくと厚手のコートを着てきた私をじっと見ていた。

私は声を掛けられなかった…。

父は、私が来ても黙ってホースで水をまき続けた。

人は今までに経験したことがない危機に遭遇した時、日頃どれだけ真剣にその事に向き合っているか、普段の「生」の人間性が出る。

私は何よりも出来たばかりの工場を心配しなくてはならなかった…。この作業場は会社の、自分達の生活の、人生の基本となる部分である。

経営者たるものは常に緊急の状態を想定して心の中に持つ気構えが必要である。状況により、時には鬼になることも必要である。私は仕事にすべてを賭けていたつもりだったが、父から見るとまだ甘い状態だった。

火はほとんど消えており、煙だけが工場の建物内に残っていたようである。

廃材を燃やしていた小さな焼却炉から出た火が原因だった。くすぶった煙だけが周辺に広がった。現在、廃材処理は外部の会社に委託して焼却しているのでこのようなことはないが、当時は焼却炉が原因の小さなボヤ騒ぎが建具店には多かった。

父はその後、「後はお前に任せっぞ」とだけ言って、いなくなった。

まだ白い煙が立ちこめる工場で、私は呆然と立ちすくんだ。
もし、工場の物が盗難にあったとしてもその時だけの被害である。しかし、火事を出すということは、会社のすべてを失う危険が伴う。もちろん、近所にも多大なご迷惑をおかけすることになろう。社員達だけではなくその家族、取引先、子ども、孫の代まで…。
頭の中では理解していたつもりであった。
しかし、体で理解するまでには至っていなかった。

白い煙が立ちこめる工場で、火の本当の恐ろしさ、そして上に立つ者としての心構えがまだまだ足りないことを感じた。

◉「もう、来なくていいよ」

工場を建てた翌年、春のガーデニングシーズン、インテリアシーズンに合わせ、得意先を回り始めた。もう作業場にはほとんど入っておらず、事務所か営業回りが私の仕事であった。


ある大手の小売店本社を訪問した時のことである。

そこは組子のラティスや洋風製品を最初に評価してくれた会社だった。

待合室から商談室に通された。

担当者がやってきた。

私は立ち上がり「いつもお世話になっています」と頭を下げた。

その担当者は、私の頭が上がるまえに開口一番、告げた。

「谷端さん、もう来なくてもいいよ」

「えっ?」

呆気にとられた。

「あのね。中国からこんな商品が、おたくの価格の10分の1で入ってきているんだよ」

そのサンプルをみると格子状のパネル、そうラティスであった。

作り方は粗い。もちろん釘で留めて製作している。ただ使用するのに問題が出そう、という程度ではない。そこそこと言えばよいか。

正直、10分の1の価格というのは私も驚いた。当時も中国製品は出回っていたが、さすがにこんな価格ではなかった。

「おたくの商材がいいのはわかるけど、10分の1ではもうどうしようもないでしょ。土俵に上がる前の話だよね。だからもう来なくていいよ」

笑いながらその担当者は言った。

私は返す言葉がなかった。2割、3割安いなら、いろいろな方便、言い回しもできるが、9割引きである…。材料代にもならない。

帰りの車の中では、「気持ちを切り替えよう。あの会社だけではない。うちの製品の良さをわかってくれる会社とお付き合いしよう」と考えた。

しかし、私の考えは甘かった。この会社以外にも安い中国製品が一気に入ってきた。どこの店に行っても同じ反応になった。ビジネスライクである。

待ったなし…。

売上は半減。逆V字で減少。

量産用の新工場を建てたばかりである。

資金繰りは一気に火の車になった。

私は先を見通せるエスパーではなかった。見通しが甘いただの坊ちゃん経営者だった。

売上が半分になっても、もちろん借金の返済額は変わらない。

収入が下がり、支払いが増えれば、当然現金が枯渇する。経営者ならずともわかるそのシンプルな理屈を、恥ずかしながら、その時初めて体験したのである。

◉これしかない！——インターネットという光

組子欄間が消えて、組子のラティスの取引先にも断られ、打つ手が無くなってきた。これからどうすれば……。

途方に暮れていた2000年のある日、運命的な出会いがあった。

NHKのテレビ番組でインターネットショッピングモール「楽天市場」の特集を目にしたのである。餃子やキムチを数百万円売り上げたという事例に心から驚き、三木谷社長の前にずらりと並ぶ出店者の数に圧倒された。

もう、すでにこういう時代が来ていたのか。

4年前にホームページは作っていたのに、更新もせずほったらかしだ。

「俺…、何やっとったがやろ…？」

ホームページを作っただけで、インターネットで売るためのノウハウは全く持ち合わせていなかった。番組を見た後、すぐに東京の説明会に足を運び出店契約を結んだのである。

第三章
背水の陣で臨んだインターネット

◉ゼロの三冠王

商品を売る方法は、もうこれしかない。

販売店に頼らず、自分自身が小売店になり、インターネットを通じて直接ユーザーに売るのだ。これしかない…。

2000年12月、タニハタのインターネット販売が始まった。

11月に、当時目黒にあった楽天の本社で一日研修を受けた。家に帰り1ヶ月間、一人パソコンの前でカチャカチャやる日々が続いた。

正直、職人達からは、「パソコンでカチャカチャやって注文とれるがかの?」という視線を感じた。とにかく実績を出すしかない。

その頃のインターネット通信回線はまだ「ISDN」というデジタル回線であった。とてつもなく速度が遅い。画像がなかなか表示されない。

写真画像などデータの重いものをアップすると、その間におにぎり一個が食べられるくらい時間がかかる。ホームページ製作中「忍耐」「我慢」の文字が何度浮かんだことだろうか。当時の私が、ITに関する講演をするとしたら「IT仕事とは〝忍耐〟である」と眉間にシワを寄せて言ったことだろう。

リアル店舗（実店舗）とインターネットショップ（バーチャル店舗）の違いは何かと聞かれれば、ネットショップは運営に時間・手間がかかることと答える。

特に新規店の立ち上げは1週間や2週間ではできない。最低でも1ヶ月は腹をくくる必要がある。人に説明する場合は「1年、ガムシャラにやってください」と話している。

インターネットやパソコンはアメリカで生まれて成長したものである。自然、英語が主流を占める。最近は、馴染みやすくなったが、未だに、「こんな言葉知っていて当然だろう」的にマニュアル本に書いてある。普段パソコンでワープロや表計算程度くらいしかさわっていない人にとって、決してとっつきやすいものではない。

他にもホームページを作るためのＨＴＭＬタグというものを覚えたり、バナー（小さな看板）、写真加工、キャッチコピーなど、学ぶことは山のようにある。

しかし、悪戦苦闘しながらも一日一日、自分のページが仕上がってくるのは見ていて楽しい。大変ではあったが、苦労とは思わなかった。

２０００年12月28日、インターネットショップ「ラティスショップ・タニハタ」がついに開店した。

ただ、現実（リアル）のお店のオープンとは違い、お店が立ち上がったからといってお客様が殺到する訳でもないし、「開店おめでとう」と電話やメールが来る訳でもない。正直、何にも反応がなかった。

ただ、呆然とモニターを見るだけである。引き続き、足りないページの製作をカチャカチャやり続ける。

オープン前とオープン後で、生活は何も変わらなかった。

〈オープンした2000年12月の数字〉

28日　アクセス人数　46人
29日　〃　60人
30日　〃　38人
31日　〃　28人

・売上ゼロ
・問い合わせゼロ
・資料請求ゼロ

「ゼロの三冠王」である。年末ということを差し引いてもこれはひどい。

それに、オープンした日よりもどんどんホームページに訪れる人が減っているではないか！

年が明けても状況は改善しなかった。

ネットショップを開いて売上は数千万円！と書きたいところだが、現実は甘くなかった。１９９６年のホームページ立ち上げ同様、当初は全く反応がなかった。

少しして、待望の注文依頼メールが届いた。

１万円の「ラティス室外機カバー」という商品である。金額の大小よりも初めて注文が入った嬉しさで一杯であった。しかし、そこはネット通販店長・初心者マークの身である。ちゃんとオチがあった。

商品を送ったあとで宅配会社からの運賃請求書を見て驚いた。送料が２万円になっていたのである。送り先は沖縄県だった…。

１万円の売上で２万円の送料…。大赤字である。

今では沖縄県と聞いただけですぐに送料を調べるようになったが、当時はこんなに送料がかかることすら知らなかったのである。

万事がこのような感じで、「楽天に出店した」といってもすぐには軌道に乗らなかった。

しかし、ホームページを初めて作った時と違うことが一つあった。それは私自身の「腰の据わり方」である。

「背水の陣」――もう後がなかったのである。

アクセスや売上があろうがなかろうが、銀行の返済、職人達への給料支払い、経費の支払いは毎月容赦無しにやってくる。

とにかく必死に店舗運営を行った。

楽天では出店者をサポートする人が一人つく。どうすればこの状況が改善するのか聞いてみた。

まず、私の顔を指摘された。

「にっこりした顔の店員と怖い顔をした店員、あなたならどちらから商品を買いますか」

オープンした時、店長（私）の顔写真を載せろと言われていたのでホームページに掲載したが、その顔はまったくの〈無表情〉である。それも作業服を着ている。言われてまじまじと見たが、確かに怖い。

自分で何度も写真を撮り直して、作り笑顔の写真を用意した。ニタニタ笑いながらカメラで自分の顔を撮るというのは、何とも気持ち悪い作業である。家族には見せられないのでこっそり真夜中に撮影した。

ところが純粋な笑顔ではなく、目が笑っていないので、ある意味以前の写真より怖い顔になっている…。自分がキムタクにでもなったつもりで、さらにさわやかな笑顔で何枚も撮り、ようやく写真をアップした。

ホームページのトップの看板も作り替えた。

「親しみのある店」をキーワードに看板写真に子供達の写真を使った。三人の子供達のうち、小学生になっていない長女（6才）と次男（4才）の写真を撮って一番目立つ看板に入れた。また、長男は野球をやっていたのでユニフォームのまま写真を撮り使用した。幸せそうな「谷端ファミリー大集合」である。

楽天の社員からはこうも言われた。

「賑わっているお店とシ〜ンとしているお店、どちらに入りたいですか」

確かにお通夜のように静かなお店に入るのは気が進まない。

「谷端さん、人気（ひとけ）のある店づくりを目指してください」

ひとけ――インターネットショップを運営する上でずっと頭から離れない言葉になった。

確かに、うちの店舗は何も熱気が伝わってこない。人の気配がない。生まれたばかりなのにすでに「呼吸していないホームページ」である。これでは会社案内カタログ、昔作ったホームページと何ら変わらない。

では、そのひとけ、熱気を出すにはどうすればいいのか？

今では古い手法になったが、当時のネットショップは「プレゼント応募」でメールアドレスを登録してもらい、メールマガジンでおすすめ商品をＰＲして売上を上げていた。いわゆるメールマーケティングである。

たとえば、うちのような商材（格子のスクリーンや格子フェンスなど）を載せたプレゼント応募ページを作ると、プレゼントを探している個人の方が、応募してくれるのである。もちろん、当選した際の連絡用メールアドレスを登録してもらうのが大前提である。

この方法を使うと、商品を欲している（と思われる）潜在的な個人客のメールアドレスが手に入る。うちのようなニッチな商材でもかなり効果があった。

さらに、安いコストで人気（ひとけ）も演出できる。

また、大人数で商品を購入すると金額が安くなる〈共同購入〉や製品をたくさんの人で競り落とす〈オークション〉なども同様の効果があった。オークションや共同購入などは「落札したい！」「絶対ほしい！」などの生のコメントが画面に表示される。

いきなり数万円、数十万円の買い物をする人は少ないが、プレゼントや通常より安いものを買いたい方を探していくと、潜在的な顧客の数が一気に増えることもわかった。

同時に、お客様が来るのを待つだけの「守りのショップ運営」から、メールでお客様に組子情報、お買い得情報を送るという「攻めの運営」ができるようになる。

そう、メールは飛び道具なのである。それもコストの掛からない道具なのである。

数万人に郵便でダイレクトメールを送ったらいくらの経費になるだろう。戦国時代なら、マシンガンを手に入れた織田信長というところか。

とにかく私は数万の広告メールをタダ同然でＰＲできる（配信できる）最強の飛び道具を手に入れたのである。


一時、スパム（迷惑）メールが問題になった。メールマーケティングの素晴らしさに気付いた業者が、メールアドレスを安く買い取り、大量にメールを乱発し社会的な問題になったのは皆様ご存じだと思う。法律も作られたが、今では正規のメールよりもスパムメールの方が多くなり、使いづらくなってしまった。気付いたら私自身も、メールよりフェイスブック（Facebook）やツイッター（Twitter）などで直接知人にメッセージを送る方が多くなってしまっている。

少し脱線したが、敷居を段階的に下げることで、最終的に一番高いところにある高価な商品も購入してもらえるようになる、という理屈である。

リアルの店舗経営をしたことがない製造業の当社には、目からウロコが落ちる考え方であった。

そんな風に試行錯誤しながら、インターネットを通じた販売を段階的に伸ばしていった。

◉鬼の顔、仏の顔

インターネットでの売上は少しずつ上昇したが、すぐに最初の壁が来た。

それは「お客様からのクレーム」である。

インターネット通販のノウハウなど持ち合わせていない当社だから、当然といえば当然である。しかし、お客様は当然とは思ってくれない。

問題が起きるとそれはもう恐ろしい形相で(電話だから当然、お顔が見えないのだが、私には鬼の形相が目に浮かんでくる)、主婦の方が直接、電話してくるのである。

昔から付き合いのある取引先ならばこちらの事情も理解していただけるのだが、個人のお客様の場合、受け答えを間違えて一度火がつくと何度謝っても電話を切っていただけない。

とにかく当初は「クレーム」との戦いだった。


一口にクレームといってもいろいろある。

○お届けした商品が、破損していた
商品を包むダンボールにもたくさんの種類があるのをご存じだろうか。私はダンボールなんて堅い、柔らかいの2種類くらいだろうと思っていた。

当社の商品は比較的、大きくて重い。そのためにお客様の家に届けた段階でダンボール包装が破れていることが多かった。

お客様からお叱りの電話をいただき、「なんでもっと堅いものを使用しないの！」と逆にダンボールの種類を教えていただくという具合であった。

○ネジや部品が入っていなかった
大きな本体を忘れることはないが、小さな部品を入れ忘れることはしょっちゅうあった。

原因は、納期に追われて、梱包する社内の担当者がその都度変わってしまうことにあった。

これは梱包の責任者を決めたことで解決した。また、製作が出荷ギリギリにならないように工程管理をしっかり行うようにした。

○写真や説明文がわかりにくくてイメージと違う商品が届いた
画面の表示速度を考慮して写真を小さめにしていたが、商品写真が小さすぎて、お客様のイメージと実際の商品が食い違うということも多かった。

そこで、色や質感を気にされる方にはカタログやサンプルをお送りするようにした。

こうした手間やコストを惜しむと高級商材は売れないということもわかった。

○納期についての連絡がない

注文をいただいたら必ず「ご注文ありがとうございます」のお礼とともに出荷日・納期をメールでお伝えしているが、メールを出し忘れて「注文したのに納期がいつなのか連絡がない！」とクレームがあった。

「うっかり」を仕組みで防ぐように、「おてがる通販」というショップ向けの受注管理ソフトを導入し、案内メールの出し忘れは無くなった。業務的なミスは激減した。

とにかく今思い出してもあきれるくらい毎日のようにクレーム電話が鳴った。ちなみに、ささいなクレームの場合はメールが多いが、本気モード全開のときは電話である。毎日毎日、電話が鳴るたびに気が遠くなった。

ある日の夕方、お客様から「商品が届かないわよ。どうなっているの？」という電話が入った。

「申し訳ございません。ただ今、宅配業者に確認します」

「何で送り状の問い合わせナンバーをメールで送ってくれないの？　他の会社だと当たり前にやっているわよ」

他の会社の名前を聞くと、有名なお店ばかりである。上場している大会社とうちの会社を比べられても太刀打ちできないよ…と一瞬考えたが、そうではない。

逆の考え方をすると、そのお客様は有名企業とタニハタを同じ目線で見てくれていたのである。

ネット通販の場合、大企業よりも「良いホームページ」だって作れる。つまり、同じ土俵で勝負できるのだ。

今思えば、背水の陣と言いながらもまだ本当には腰が据わっていなかった。お客様はそんな当社を見透かし、「しっかり商売せよ」と叱咤激励してくれたのである。

恐怖の塊のクレーム電話であったが、よくよく聞いてみるとほとんどがうちの不備である。

当社はものづくり、商品はどこにも負けない自信がある。とにかく対応やサービス、デリバリーをしっかりやろう。クレームも無くなり、道は開けるはず。

強く確信した私はその日以来、毎日朝礼や仕事後の打ち合わせ、日報などで、どうすれば同じクレームが起きなくなるかを職人、社員達と一緒に考えた。

少しずつ数字も伸びてきたある日、宅配便でお菓子の詰め合わせが届いた。特注品の格子製品を納品したお客様が「予想以上に素晴らしい商品が届きました」とお礼の品をくださったのである。長いこと商売をやっているが、仕入れ先ではなく販売先からお礼の品をいただいたのは初めての出来事であった。

このとき初めて、お客様のお顔が鬼ではなく、仏に見えたのである。

◉ＩＴ時代の信用とは？

この頃と現在のネット通販であきらかに変わったと思うことがある。

それは、今まで取り引きの無かった業者から数回メールをやり取りしただけで数百万円の代金がポ～ンと商品製作前に当社の口座に振り込まれてくることである。一度も会ったことがない私（当社）を信用して。

ネットビジネスを開始した頃はそうはいかなかった。

数十万円の金額でも商品製作前に代金の振り込みをお願いすると、必ずといっていいほど、しぶる会社がある。中には「うちのことが信用できんのか！後払いにしろ！」と怒りをあらわにする。

地元での取引ならば、他社からの評判、地元新聞などのニュース、社屋などの資産、社員や経営者の態度で「この会社は大丈夫か？」と判断することができるが、突然取引が始まる中小企業のネット商売ではそれができない。信用調査会社の情報とホームページの情報だけである。

ではネット取引（BtoB）の場合、お客様にどうやって田舎の小さな会社を「信用」してもらえばいいのか。

それはお客様からの評価・コメントである。

商品を購入・利用された方から正直なコメントをいただき、それを隠さずにページに記載することが一番効果がある。

大企業の不正やごまかしが頻繁にニュースで放送されるご時世である。もうだれも昔のように大企業、有名企業だからといってすべての情報をそのまま信用したりはしない。格好いいタレントを使って社会奉仕しています！といってもそのまま信じてはもらえない。もちろん創業50年の当社とて同じである。


顧客からの評価の重要性。

ＩＴ業界でこのことにいち早く気付いていたのは他ならぬ「楽天」である。あれだけ外部リンクに厳しい会社であるにも関わらず、いち早くツイッターやフェイスブックとの連携に取り組んでいる。

お客様からの評価ページはそれ以前からである。

ちなみに当社のホームページで最も反応があるページは「お客様からの施工例写真」である。お客様からいただいた生の写真、コメントが２０００年から１００件以上掲載されている。苦情も隠さずにそのまま載せており、それを見たお客様からまた問い合わせや注文が入る。

格好いいことだけではない。裸になり、いろいろさらけ出す勇気も必要である。ホームページはもちろん、個人のブログやフェイスブック、ツイッターなどから商品を購入されたお客様の生の声がリアルタイムでいろいろな場所から網の目のようにどんどん発信される「個」の時代に突入した。

先日、一緒に講演させていただいた社長が「駅でタクシーに乗って自分の会社に向かったら、その運転手が『お客さん、あの会社は素晴らしい会社ですよ』ってうちの会社のことを褒めてくれたんだよ」と話をされていた。

人の口に戸は立てられない。本当に口コミの力はすごい。ソーシャルメディアの普及で、今ではその運転手のような役割をする人が、日本の端から端まで、世界中にいることになる。

商品購入を検討されるお客様はそういう第三者からの情報を参考にして会社を信用するようになってきている。もうごまかしは通用しない時代になったことを、サイト運営者のみならず、経営者は気付くべきである。

私の机の中に1枚の茶封筒がある。

その封筒には「信用と技術のタニハタ」と書いてある。私はこの鈍くさい茶封筒が大嫌いだった。「信用？そんなのあって当たり前じゃん」くらいにしか考えていなかった。

東京でデザインの勉強をしていたこともあり、「こんな封筒は捨てて新しいロゴデザインを作り、会社を一新したい」という思いが強かった。

しかし、ネットビジネスを振り返ってみると、大切なのは「信用と技術」だ。会社によっては「信用とサービス」「信用と人材」「信用とデリバリー」なのかもしれない。デジタル時代になっても「信用」ほど商売にとって大切なものはないとつくづく思う。

インターネットビジネスというと、ドライな冷たい商売をイメージするが、中小企業の場合、それは違うと思う。低価格だけで勝負するビジネスに巻き込まれないためには、血の通った「まっとうな商い」を行うことが今まで以上に重要になってくると感じている。

◉商売の王道を行く

リアルの店舗でも店に来てもらう方策が必要なように、ホームページ活用にはサイトを見つけてもらうためのテクニックも少々必要になる。

「ＳＥＯ」という言葉をご存じだろうか。

簡単にいうと、ヤフーやグーグルなどの検索エンジンの検索結果において、表示上位にホームページが表示されるように細工をすること。たとえば今、「Ｔシャツ」とヤフーなどで検索したら約１１８、０００、０００件の検索結果が表示された（結果は日々変動する）。もちろんＴシャツのことを調べるために１億件のホームページを見ることはしない。

まず最初に表示されるページ（10件）から、ざっと調べることになるだろう。この最初の10件に自分のホームページが表示されるのとされないのとでは、ホームページのアクセス数に天と地の差が出る。

ホームページは基本、お客様の来店を待つだけの受け身のシステムである。どんなに立派なホームページ（店）を製作しても、来店（アクセス）がなければ商品を見てもらえないし、売れない。

そこで、上位10件（または20件くらいまで）に入るようにホームページを工夫

（といえば格好良いが）、細工するテクニックがSEO(Search Engine Optimization)なのである。

「SEO」に関する書籍は山ほど出版されている。

当初は上位表示も比較的簡単にできた。例えば売りたい商品のキーワード（Tシャツなど）をページの中にある程度の数量入れ込む。多すぎても少なすぎてもいけない。ページの途中途中のタイトルに入れたり、ホームページのタイトルに入れたりする。

そして、自社サイト以外の外部のホームページから少しでも多くリンクしてもらうなどである。良いホームページは、いろいろな人からリンク(支持)してもらっているという考え方である。

検索エンジンロボットは、「おっ！　この会社は皆に人気のあるサイトだな！」と判断して、そのホームページを上位表示させるのだ。

サイト運営者はせっせと「細工」を施し工夫する。ライバル会社のことも調べることができるので、自分のホームページと何が違うのか分析したりする。そのためのサイトやソフトまであり、SEOなしではインターネット販売は語れない、といえる…。

私も一時、血眼になってやった時期がある。

何かに取り憑かれたように「今週は3位だったが、来週は順位が落ちるかもしれない」と、落ち目のベストテン歌手ではないが、徹夜で順位維持の小細工をやるのである。しかし、全く関連のないリンクを張るなど不自然なサイトは「スパム」と見られ、順位がガタオチする。

そう…神（検索サイト）の逆鱗に触れるのである。

「お前は不自然なやっちゃ、地獄に堕ちろー！」と決してお客様が見ることができない恐ろしい谷底まで蹴落とされるのである（お〜、怖〜）。

落ちた時は、たまったものではない。顔が真っ青になる。

こんな地雷を踏まないようにするために、ＳＥＯ専門家にお金を出して相談する人もいる。

しかし、神の意志は、我々一般民の知るところではない。

所詮、神様の手の平に乗っているアリンコのようなものかもしれない。

神様の気まぐれで、地獄に落とされたり、握りつぶされたり、命を助けられたり…。その都度、大喜びしたり、嘆いたり、怒ったり、右往左往する。

私も一度だけ地獄行きを経験した。

何が原因か不明だが、うちのホームページが全く検索結果に表示されなくなったのだ。

正直、あせった。あんなに苦労しているのに何が原因だろう。いろいろ原因らしきものを調べて、手を施したが、表示されない。

しかし、ある日、気付いたらまた順位が戻っていたのである。

何事もなかったかのように…。

これを読んで、あきれないだろうか？

私は、馬鹿らしくなってきてＳＥＯを止めた。こんな小細工をして何の意味があるのだろうか。いい大人がみっともない、と思うようになってきた。

「王道」を行こう、と決めた。

お客様のために、お客様の立場になったわかりやすいホームページを作り、サービスと商品づくりをすること。そう「商売の王道」である。

すると順位は落ちなくなった。

少しくらい順位が落ちてアクセス数が落ちても、見に来たお客様が、迷わず、気持ち良く買い物できるページになっていればいいのである。

そのお客様がまた、他のお客様を連れてきてくださる。


ＳＥＯを全く意識するな、ということではない。本を一冊買ってきて、一日だけその作業を行ったら、あとはほったらかしでＯＫである。最初からＳＥＯ業者に依頼し、自分は他の作業をするのもアリだと思う。

２０１０年、フェイスブックの滞在時間がグーグルの滞在時間を超えた。検索の時代が終わり、ソーシャルの時代に入ってきたことを象徴する出来事である。インターネットの世界の中も激しく「神」同士が戦っているのである。

たかがＳＥＯ　されどＳＥＯ…。

対策はするが深追いしないこと。深追いすると「検索結果で１位になること」が目的になってしまう。

その時間があったらさっさと広告かソーシャル対策をした方がいい。

所詮、我々は神様の手の平にいるのだから。

◉メールと電話の使い分け

会社での仕事時間は、電話よりもメールに関わっている時間の方が長くなった。メールはビジネスで最も重要なツールの一つになった。

当社ではパソコンは4～5年で買い換えるのに、電話機は15年使用しているクタクタの機種である。

では、電話の重要性は下がったのかというとそうではない。

当社の場合、逆に職人達の電話使用頻度は上がっている。

職人には、内線と外線の両方が使える工場内PHSを持たせてある。

欄間や引き戸は受注生産なので、メールだけのやり取りでは思い違いによるミスが発生する危険がある。そこで職人達が直接、お客様に電話で確認をとるためである。

昔の職人なら、事務所に入ってきて「ここの注文、よくわからんから聞いておいて！」と言い、ポンと注文書を置いていっただろう。俺達はモノさえ作っていればいい、という時代の話である。

人づてに聞くと逆にミスが起きやすく、直接本人に聞かせるのが一番ミスが少ない。そこで工場内PHSの出番なのである。

やはり最初は嫌がった。

以前に展示会で販売員をやったとき同様、口べたでオロオロである。

販売員のときのようにお客様が目の前にいらっしゃるわけではないので、さらに緊張する。

私も横で聞いているとハラハラする。

そこで、電話研修セミナーの先生に来ていただき、電話応対研修を行った。

ＩＴの時代に電話研修、それもものづくりをしている古参の職人たちである。

うちはアナログなのかデジタルなのか、極端過ぎて自分でも笑ってしまうときがある。


しかし、この研修は効果があった。今まで自分流で電話の受け応えをしてきた職人たちが、一通りの基本を知って安心したようだ。その成果か、電話に関してのクレームはほとんどない。


では、メールに関してはどうだろう？

電話に比べると、メールは対応が難しい。

特に問題が発生したとき、メールでの対応は極力避けた方がよい。

以前、品質が想定と違うという問い合わせがあり、社内の業務担当者がメールで対応した。そのときに、語尾に「？・」を入れたのであるが、これが「癇に障った」とおっしゃるのである。

その前のやり取りからの流れがあったので、一部を取り上げて問題視するのはどうかとも思うが、感情が高ぶっている場合は文字一つでも問題が大きくなる。テキストだけで「お詫びの心」を伝えるのは至難の技かもしれない。

文字では伝わらないものがある。やはり、極力電話での対応が良いと思う。

◉災害時のメルマガ失敗談

メールでは大失敗したこともある。

当社の製品に「つっぱりラティス」という間仕切りがある。枠部分が伸縮式になっており、その枠を天井に突っ張って固定・自立させる間仕切りのことである。タニハタのオリジナル格子間仕切りであり、天井に固定するので普通のスクリーンと違い、転倒しにくい。地震が起きても、スクリーンのようにパタン！と倒れることがないのだ。

評判がいい間仕切りだったので、私はこの商品を多く売りたかった。

新潟中越地震があったときである。

大変な地震被害があり、テレビでも部屋の中がバタバタになっている状況を目にした。私は、このときとばかりに「地震・震災に強いつっぱり間仕切りです。ただ今購入キャンペーンやっています」という内容のメルマガを2万人のお客様に向けて発信してしまった。

そのメールは画像付きで、ご丁寧に地震を感じさせる写真や災害をイメージする写真まで入れたのである。

…売り方として、商人として、経営者として最低のことをやってしまった。不安をあおり、人の不幸につけ込んで、商品を売り込む。下の下の販売手法である。しかしその時、本人はそれが悪いことだと気付いていていない。

お客様からメールが届いた。

「震災で大変な状態になっている人がいます。同じ日本人として恥ずかしくありませんか。そんなに自分の商品を売りたいのですか。タニハタさんはそんな会社だったのですか」――そういう内容のメールだった。

本当に恥ずかしながら、このメールが届いて初めて自分の過ちに気付いた。

悪意がなかったのは間違いないが、善意でやった訳でもない。自分の商品を売りたい、売って借金を返して楽になりたい…。

被災者の方々より自分を中心に考えている。

メルマガを見たお客様がそれを感じて、お叱りのメールをくださった。

すぐにお客様にお詫びのメールをお送りした(電話番号が不明であったので電話はできず)。

「相手」の立場になって売る、と言うのは簡単である。しかし、その「相手」とは、目の前のお客様だけとは限らない。日常から社会全体のことを「心」から考えておく必要がある。

第四章

追い詰められたものづくりの現場

◉親指の氷詰め

建具業界は、刃物と向き合う仕事である。

毎朝毎晩、刃物の切れ具合、消耗具合を気にするくらいでないといい仕事ができない。職人学校では今でも刃物の研磨から実技授業が始まる。すべての基本が研磨である。

反面、常に体のすぐ近くで刃物が動いているので自然、怪我も多くなる。

建具業界で指がない人は珍しくない。

大手の通販の仕事が入ってきた。「通販生活」のカタログハウスさんという会社である。何度も東京まで足を運んでようやく掲載にこぎつけた仕事である。

すでに他の通販の仕事を経験していたので正直、タカをくっていた。たいした数は入ってこないだろうと…。

しかし、実際の注文数を見て驚いた。

予想の3倍以上の数量だったのである。さすが有名通販会社である。

小売店から取引を打ち切られ売上が右肩下がりの当社にとって大変ありがたいお話だった。

ただ、開発から間がなく、手作業・単品の受注生産を主としていた当社では、量産を前提にした製作方法がまだ確立されていなかった。

見切り発車の製作が始まってしまった。

製作前の段階ですでにキャパオーバーである。

手間のかかる仕事ということもあり、予想以上に工程がずれ込んでいった。今思えば当然である。私も現場に入り、夜遅くまで製作を続けた。

一番、負担になるのは現場の最高責任者、富山の寅さんこと高島工場長である。注文書が届いてから顔色が変わっていたので、「大丈夫かの…」と、父と心配した。

その予感が的中してしまった。

注文が入って約1ヶ月後の夕方、若い職人が血相を変えて事務所に飛び込んできた。

「工場長が親指、飛ばした！」

2階の作業場に駆けつけると、工場長がひっくり返っている。手は血だらけ。手前の機械に親指がポン、と載っている。

血が吹き出している手を上に上げさせて、救急車を呼んだ。本人の顔は真っ青である。周りにいた職人達によると、生産数が上がらず気持ちがあせって、無理矢理、機械に木を突っ込んだところ、指を切断してしまったという。

私も一緒に救急車に乗り込み病院に走った。

夕方6時30分から緊急手術が始まった。親指の付け根から切れていたので、半ば諦めていたが、指の切断部分の状態が良かったのでくっつくかもしれない、という。

後で聞いた話だが、指を切断した場合、まず綺麗なビニル袋に入れること。そしてもう1枚の袋に氷を入れて、その指の入った袋を氷袋に入れて保管・輸送することが良いらしい。決してやりたくはないことだが。

手術が終わったのは真夜中の0時30分…。手術時間は6時間近くにも及んだ。面会のＯＫが出て、病室で本人に会った。

ベッドで寝たまま、「すみません…、すみません」という本人を前に、私はしばらく何も言葉が出なかった。

「俺の方こそ、無理な仕事をさせてしまって…。俺の方こそすみません」

会社が大変な状況も知っており、その仕事の重さも充分に理解していたのであろう。

仕事が無ければ、会社の経営は行き詰まる。

仕事がたくさん入れば入ったで、職人に無理がかかる。

量産品といえども、比較的熟練の技術が必要な製品ばかりで、アルバイトやパートを採用してもすぐに戦力にはならない。大手製造業のように、二交代制などもできない。

うちの会社は一体、どういう仕事を取ればいいのだろう。

伝統工芸のものづくりのあり方とは？

職人の仕事とは何だろう？

病院の帰り、車の中で考え続けた。

◉手の甲の見えない傷

工場長の大怪我の後も、怪我人が続出した。主力選手がいなくなり、余計浮き足立ったのかもしれない。スピードが出過ぎた車は危ないとわかっていてもうまくブレーキが効かない。

不思議なもので、職人ではない、事務所の女性まで怪我をしてしまった。注文書を現場に回す際に慌てて走ったために、事務所の入口のガラスにぶつかってしまった。幸い、救急車を呼ぶほどではなかったが、会社全体がどんどん地に足がつかなくなっているのを感じた。

これではいけない、と思いながら、注文は入ってくる。アルバイトも入れたが、生産数はなかなか上がらない。外注先に相談しても、短納期では、どこも首を縦に振らない。

そのうち私も現場で恐ろしい経験をした。

作業していても、思うように数が上がらない。イライラしてくる。そのうち怒鳴りながら、作業をするようになる。

あるとき、怒りながら機械のノコに手を入れてしまった。

止まっていると思ったが刃物はまだ動いていた。回っているノコに勢いよく手を入れたのである。

瞬間、刃先が手の甲を「ヒュン」と舐めたのを感じた。

ハッと驚いて手を引っ込め、手の甲を見た。

何ともなっていなかったが、間違いなく、刃先を感じた。

ほんの少しずれたら、私の右手は無くなっていただろう。


とにかく落ち着け。落ち着くことだ。

そうしないと、いずれもっと大変なことが起きる。大きく深呼吸をして目の前のことを一つひとつ片付けよう。

仕事に追われる時こそバタバタせずに、常に心を意識して落ち着かせる。それを体にもわからせよう。

「落ち着け、落ち着け…」言葉を唱えながら仕事を続けた。

◉グッドデザイン賞

地を這い回るような経営をしていた当社にも明るいニュースがあった。「組子スクリーン」がグッドデザイン賞を受賞したのである。

それまで内閣総理大臣賞など技術系の賞はたくさんいただいているが、デザイン系の受賞は初めてである。

当社にデザイナーはいない。しいていえば私がデザイン担当者である。中小企業の社長は、デザインから経営から集金、配達、作業場のクモの巣掃除まで何でもこなす「何でも屋」である。受賞した商品は、昔からある「無双窓・むそうまど」をベースにデザインした。

テレビドラマ『水戸黄門』で由美かおるがお風呂に入っているときに、外から縦格子につかまって男が覗くシーンを思い浮かべてもらいたい。気づいた由美かおるが格子をピシッ！としめるシーンを見たことはないだろうか。

縦格子を右・左にスライドさせることで、スキマを閉じたり空けたり…。そういう機能的な目隠し格子なのである(組子スクリーンは上下にスライドさせる)。

毎年、数千セットが売れる当社の唯一の規格商品である。

当初は、作り方が定まっていないときに大量注文が入り、あの「工場長・指事件」が起きたが、現在はかなり作り方もこなれてきたので、テンポよく作ることができる。

いろいろな製品をデザインして思うのだが、人にはデザインの良し悪しを感じる能力がＤＮＡレベルで根本的に備わっていると思う。

正三角形のピラミッドの形や左右対称の宇治の平等院に見られるシンメトリーの形など、誰に教えられた訳でもないのに、どの国のどんな世代が見ても「美しい」と感じてしまうのは、人間に「美」に関する共通のツボがあるからではないかと思う。

また、女性、男性が感じるいいデザインというのもＤＮＡレベルであると思う。

デザインは紙一重の部分で良いデザインになったり、その逆になった

▲グッドデザイン賞を受賞した組子スクリーン

りする。たとえば、当社の障子戸でも、桟を1ミリ太くするか細くするかで評価が分かれる。

「作品」ではなく、「商品」ということを考えると、効率・コストを考えてデザインを多少犠牲にしても製品化する局面もあるが、万人が「いいデザイン」と思うギリギリのラインを探り続けるのがデザイナーの役目なのだろう。

組子スクリーンはシンプルな商品だけに、余計にごまかしがきかず、桟を太くしたり、空きを大きくとったり、そういうミリ単位の部分で試行錯誤した製品であった。

グッドデザイン賞の受賞を機に、組子のデザインを強く意識するようになった。長く引き継がれてきた古典デザインに加え、新しいデザインを創ることも私の重要な仕事だと意識した。

◉日本の文様、世界のブランド

組子欄間は、古典的な日本文様を表現している場合が多い。抽象的なものより、日本に自生した植物や道具、自然が中心だ。

「麻」「胡麻」「桜」「桐」「井桁」「青海波」…。

組子に限らず、家紋や着物なども、昔の日本の生活の周りで関わっていた文様が用いられる。

また、「縁起」をかつぐデザインが多いのも日本ならではの特徴であろう。亀甲、松竹梅、七宝柄などいろいろある。

当社で人気のあるデザイン「麻」は、古来の日本では魔よけ・厄除けの模様とされてきた。神事に麻が使用されてきたからであろう。生まれた子供の産着に「麻の葉柄」が使われるのはこのためである。

最近、麻デザインの組子欄間を選ばれる理由を「縁起がいい柄だから」という方も増えた。

医療が発達していない江戸時代の乳幼児の死亡率は全死亡率の70～75％も占めており、生まれた子供を守るために、藁にもすがる思いでこの柄を子供に着せた親の心

▲〈麻〉の文様

が、痛いほどわかる。今ではｉＰｈｏｎｅの壁紙にも麻の葉柄が入っているくらいメジャーな柄になった。

障子戸に彫刻を入れる場合などは、向きを大切にする。

たとえば、「鶴」などのおめでたい鳥は外から家の中に入ってくるように向きを考えて、デザインを施す。職人はそこまで相手の家のことを考えて、少しでも良いことがあるように製作するのである。日本の意匠は、そういう懐の深さがある。

また、日本で家系、家柄、血統などを表すために用いる「家紋」は、２４１種、５１１６紋以上あると言われている。

これだけ生活と切っても切り離せなかった日本の文様であるが、和風から洋風への生活スタイルの変化とともに、「古い」イメージが持たれ、少しずつ日常から消えていった。

当社が和風欄間からラティスへと主軸を移した背景には、日本的な文様が好まれなくなったことも影響しているといえる。

しかし、時代に責任転嫁していて、それでよいのだろうか。

２００３年２月。テレビのスイッチを入れたときに、たまたま世界的なブランド「ルイ・ヴィトン」の特集番組をやっていた。

工房の様子や鞄を作る様子を見て衝撃を受けた。

有名ブランドだから、精密なNC機械で量産しているのだろう、と勝手に想像していたが、工場内は綺麗で立派であるものの、職人達の作業風景はうちの職人達と何ら変わらないではないか。小さな玄翁（カナヅチ）を持ってトントンやっていた。手作業の部分が多く、その真剣な目はうちの職人たちと全く同じだ。

俄然ルイ・ヴィトンがなぜ受け入れられたかに興味を持った。

代表的なモノグラム・キャンバス柄をご存じだろうか。この柄は〈日本の家紋〉にヒントを得て100年以上前に製作されたといわれているそうだ。

本当に驚いた。

モノグラム・キャンバスをまじまじ見てみると…、なるほど「和」の風合いを感じる。

日本の家紋を見て、「センスがいい」「お洒落だ」「お金を出して買いたい」という人は少ない。しかし、ブランドの重み、デザイン力、会社の戦略がプラスされると違う言葉が出てくるのである。世界中のセレブがありがたがる、世界に通用するモノになるのである。

私の考え——日本の「組子欄間」「和風文様」などはもう二度と増えることはな

い。洋風ラティス、格子生産がこれから当社のメイン商材になる。日本の古典デザインの組子欄間なんてだれも素晴らしいとは思わない――は間違いだったのだろうか。

言いようもない悔しさが込み上がってきた。

どちらも職人達が、コンコン、コンコンと玄翁で、手作業で組み立てる。しかし、一方は世界的なブランド、他方は消えていく商品である。

私たちはブランドになろうと努力しただろうか？

ブランドになることで、組子欄間は息を吹き返すことができるのだろうか？

その日から、組子欄間への思いや見方が、また少しずつ変わっていった。「ブランド」という概念が私の頭の片隅に入ったのである。

◉ガラスの器に詰め込んだもの

２００３年の6月1日、まだ37歳の若造で私は社長になった。

この時点で父は、経営的なものからは、すでに一線を退いた状態であった。70歳になった頑固な父には激動の時代に対応するすべがすでに無かった。見かねてのバトンタッチだったのである。

「借金は男の甲斐性」「借金があるからやる気も出てくる」という考えも右肩上がりの時代は通用するのだが、そうでない時代になったときに、この頑固な古い成功事例が足を引っ張る。

ダーウィンの法則――「強いものが生き残るのではない。環境に合わせて自分自身を変えることが出来るものだけが生き残る」では自分自身を変える、とあるが、会社はすべてを変えるわけにはいかない。

何を切り捨て、何を取り入れ、何を守り続けるのか。

そこの判断を間違うと身を滅ぼしてしまう。判断はトップの仕事だ。

しかし、実体はそんなに生易しいものではなかった。若造の私には想像以上であった。

就任からの5日間はあることで頭がいっぱいだった。


手元に現金がなく、給料を支払えないのだ…。

どうすることもできずにその日を迎えた。

職人達に休憩室へ集まってもらい、皆に事情を話した。

「皆に支払う現金がない。もうしばらくしたら少しまとまったお金が入るから、もうしばらく待ってほしい」

そう言って正座をして、皆に頭を下げた。

職人達は黙っている。

ずっと、沈黙が続いた。

しばらくして工場長が、「間違いなく…、給料あたるがやね」と口を開いた。

私が頷くと、皆の顔の表情が少し緩んだように見えた。そのまま皆、黙って部屋を出て行った。


社長という肩書きを背負った途端に、恐ろしいまでの重荷が背中にずっしりと生々しくのしかかってきたのを感じた。

「いつまでこれが続くのだろう」

当社の業績が来月には一転するという気は全くしない。この状況が永遠に続くように感じられた。

小さな望みは、ホームページからの注文が階段状に増えてきたこと。しかし、劇的に改善する要素はその手段をもってしても薄かった。

その夜、ほとんど寝ることができなかった。

朝起きて、鏡を見る。顔の右半分が大きく腫れている。どう見ても、顔のバランスが悪い。耳がボーッとしているので右耳に指を突っ込むと指が入らない。そのうちに右の耳から乾いた血の塊がボロボロ出てきた。

何が起きたのか、自分でもよく理解できなかった。


「鼓膜、破けていますよ」

病院に行き、先生のその一言を聞いて驚いた。体温も39度4分。

病院の先生は何かを察したらしく、ベッドで少し横になりなさい、と言ってくれた。

天井を見つめながら、昨日から何があったのか、ゆっくり考えてみた。


人の器の大きさというのは決まっている。その器以上のものを無理やり詰め込もうとするとガラスのコップのように簡単に人は壊れてしまうものなんだ。そう理解した。数百万円の借金で命を絶つ人がいる。数十億円の借金をしてもケロッとしている人がいる。器は人により違うものなのか。職人達のその家族の幸せ、会社、自分、家族の未来、多額の借入金…。詰め込んだものは一体何だろう。

株式会社としての借入金と個人会社(当時まだ個人会社が残っていたので)のそれを合算すると借入金は3億円弱ある。売上は1億円そこそこ。いきなりこんな状態になったのではない。波はあったが、借入金は年々増えて、売上は年々ダウンした。手を打つことはしたが、勢いは止まらなかった。そういうことである。

経営をされている方は、この数字を見て「アカン」と思われるだろう。末期である。資産もあったが、当時塩漬け状態である。買いたいという反応は全く無し。

この先、私はこの赤信号の会社を経営していくことができるのだろうか? 鼓膜の次はどこが壊れるのか?――小さな疑問が出ては消え、天井に空いている小さな穴を、ベッドからただただただずっと眺め続けていた。

◉「伝統なんて時代遅れだ！」

小さなガラスの器しか持たない私は、この頃、自分ではもう感情をコントロールできなくなっていた。とにかく何があってもわめき散らす。怒ることが日課になっていたような気がする。

もう抑制がきかない。父にも、母にも、妻や子ども達、社員達にも…。

特に父とは壮絶な言い争いをした。肉親は、お互いに遠慮がない分、他人よりも、ある意味とことんまで言い争ってしまう。70歳の老人に37歳の中年男が容赦なく汚い言葉を投げかけるのである。こんな醜い光景はないだろう。それも職人達の前でやる。

「あんたのせいでこんな状況になったがやじゃ」

「こんな組子屋なんてものをなんで俺に継がせたがよ。俺は東京でサラリーマンをやっととりたかったがやじゃ。なんで俺を東京から呼び寄せた」

たくさん、たくさん言い放った。言葉のナイフでグサグサと父を刺した。

「伝統なんてくそくらえじゃ」

「職人なんて時代遅れのものたちだ」

「なんで俺の財布にはいつも小銭しかはいっとらん！」

37歳の大きな子どもである。父も私に大きな声で言い返す。

しかし、なぜか、そのときに父から何を言われたのか全く記憶がない。あんなに大きな声で言い争ったのに。

私を傷つけまいとオブラートで包んで返していたのだと思う。大きな声で、必死な気持ちで社長になりたての私に叱咤激励してくれたのであろう。そんな気持ちも知らずに、私は、吠え続けた。

普通の会社なら、社長になるまで一歩一歩階段を上るようにたどり着く。器を少しずつ広げる準備もする。しかし、零細企業は、準備もなにもない。父の次は、その息子である。私は早かったのかもしれない。

職人たちにも容赦なかった。

若い職人が修行を終えて、県外の実家に帰るときに私に手紙を残した。そこにはこう書いてあった。

「あなたは鬼です」

鬼は家族にも容赦ない。

ある秋晴れの日曜日、小学生だった私の子ども達3人が家の隣にある大きな駐車場で遊んでいると、小さな野良の子ネコがフラフラで歩いているのを見つけた。脚にケガをしていた。

子どもは「お父さん、このネコを助けてやって」と懇願する。

ネコのひどいケガの状態を見ていろいろなことが頭をよぎった。

(もし、このネコが助かったとしてもずっと歩けない状態に間違いない。身体障害ネコを飼ったらこの先大変だ。エサやトイレの始末なんかこの小さな子ども達はやらないだろう。エサ代もばかにならない、お金もない、仕事も今大変だし、このネコを今のうちに逃がすのが懸命だ。これが大人の判断だろう)

私は、「もう、このネコ…駄目だから逃してやるんだ」と言い放った。

ポタポタ…ポタポタ…。そういった瞬間、3人の子ども達の目から大粒の涙。大きな目からあふれてくる。その目で私を見つめ続けた。

私生活でも私は鬼になり、人として大切なものを無くし始めている。怪我をしたネコを「生命」ではなく、生活・仕事を邪魔する「モノ」としか見ていない。


子ども達の姿を見て、私は我に返った。

自分の発言を詫び、動物物院に運んだ。

そして、3本足のネコを次の日から飼うことになった。

そのネコは今も元気に3本足でピョンピョン飛び回っているが、当時のことを恨みに思っているのか、家で寝ている私を勢いよく踏みつけていく…。

◉本当の肉の味

社長になって最初の年末。いろいろなことがありながらも何とかその年の瀬を迎えることができた。仕事納めの12月28日にボーナスを支給。気持ちばかりの賞与を渡した後は、1時間ほど机から動けなかった。

「賞与を渡すことができない会社も多い。少なくても渡せただけまだ良かったのだ」

そう最後に自分に言い聞かせた。

家に戻ると子ども達3人が何かコソコソやっている。

「パパ、今から肉を食べに行こう!」

「えっ? 肉? どこの肉だ?」

聞くと数年前に行ったステーキハウスの肉が食べたい、というのである。目の前でマスターが焼いてくれるお店で、まだそんなに経営が厳しくなっていない頃に一度だけ家族を連れていったことがある。その肉の味が忘れられずにまた行きたい、というのである。

恥ずかしながら、料理人が肉を焼いてくれるステーキハウスに行くお金なんてどこにも無かった。正月に子ども達に渡すお年玉さえもない状態で、本当にダメな父親である。きっと、世界で一番頼りない中小企業の社長であり父親だ、と改めて情けない気持ちになった。

返答に困っている私を見上げて、子ども達は「お金ならあるよ」と言った。1年間、共同貯金箱を作り、そこにチャリ銭を貯めていたのだ。もちろん、子ども達が貯めるお金なんてたかが知れている。妻が、少しずつ貯金箱に足しながらお金を貯めてくれたのである。

唖然としている私を連れて、妻が店まで車を走らせた。すでに予約がしてあったようですぐに家族5人で座ることができた。一番安いコースではあるが、こんなお店で肉を食べるのは本当に久しぶりである。まだピンと来ていない私の目の前でマスターが肉を焼いていた。

目の前に自分が食べる分の肉が置かれて、1個、肉を口に入れた。

「うまい…」

その美味しさに心底、驚いた。この店で以前、食べているはずなのに…それももっと高いコースを。

しかし、こんなに美味い肉を食べたのは生まれて初めてである。

美味い、旨い…うまい…。肉を噛みしめながら何度も思った。

横では子ども達が笑いながらギャ～ギャ～言って食べている。妻が子ども達をたしなめている。

この場所に連れてきてくれた家族に、心から感謝した。うまい肉を焼いてくれたこのお店にも。今年頑張ってくれた職人達に、神様に、そして私に感動を与えてくれたこの牛に。

すべてのものに心から感謝した。

（ありがと。ありがと。本当にありがと…）

心の中で何度も何度も、つぶやいた。

するとポロポロと涙が出てきた。汗が一気に噴き出すように、熱い涙がどんどん目から流れてくる。「あれ？　あれ？　止まらんじゃ」と自分でも驚くような勢いで流れてくる。

子ども達の横で格好悪いので、お手ふきで「あ～熱い、熱い」と顔を拭いて誤魔化していた。

その様子に気付いた子どもらは「パパ～、変だ～。この肉、熱いやと！　泣いとる～」と言いながら笑う。

また勢いよく目から熱いものが吹き出してくる。その様子を見たマスターが機転を利かせてガーリックをさらっと焼いて皿に置いてくれた。

「あのな…このニンニクが熱いがやぞ」

笑いながら何度も顔を拭いた。マスターも料理をしながら笑っていた。

私はその夜、知った。世の中には「心」で食べる料理があるということを。信じ合える人と食事をすることの素晴らしさ、気配りができるサービスのありがたさを。

私はこの夜の肉の味を生涯忘れないだろう。

どんな人も、自分一人でこの地面の上に立っているのではなく、直接、間接的に支えてもらいながら存在している。自分の思い通りにならないからと、他人を非難し、鬼になっていた自分を戒めた。

◉父の病室から見た春の立山連峰

２００5年3月のある日、父が入院した。背中に黒い影が写っているという。検査の結果、末期の肝臓癌と告げられた。

「それで……、いつまで生きられるがですか？」

「今の状況で1年くらいです。でも、治療によりそれよりかなり長いこと生きられる患者さんもおられます」

先生はその後、説明を付け加えたが、内容は覚えていない。考える力も無かった。

父が入院した病院から、立山連峰がくっきりと見えた。特に春は冬に積もった雪が稜線を綺麗に演出する。

富山平野から見る立山連峰は美しい。立山連峰は富士山のシンメトリーな美しさとはまた違う。３０００メートル級の山々が連なった雄大な姿で、富山県に住む人達を守るかのようにそびえ立つ。台風が来ても富山だけ被害がないことが多い。そのたびに富山県人は「立山のおかげだちゃ」と話をする。そんな雄々しい山は、歳を重ねるごとに愛着が増す。

正直、小さい頃は山を見ても特に感動もしなかった。物心ついたときから、東の空を眺めるといつもそびえ立っている「当たり前」の光景。父や母がいつもそこにいて当たり前のように、感謝もしなかった。

毎日、病室に顔を出しては、毎日、立山を見る。晴れた日も、雨の日も、曇りの日も、山はいつも変わらない。変わるのは人間達である。

「あの山はどれだけの人の生死をあの高みから見てきたのだろうか」

たくさんの人の喜び、悲しみを感じながら、ただそこに存在する。数万年、数十万年…、人間が存在する前からだろうか？

霊峰であった立山は信仰の場だったと聞いたことがあるが、その気持ちが今になるとよくわかる。神通川、常願寺川…信仰をイメージさせる富山の川に雪解けの水が流れ、神秘の富山湾に流れ込む。青白い光を放つホタルイカや蜃気楼など他の海では見ることができないものを、この時期に見ることができる。

雪国の春はそこに住む者に生きる希望を与えてくれる。春に吹く風の独特の香り。真っ青な空に浮かぶ白い雲。沿道に咲く桜やハナミズキの花。

父は、こういう状態になってしまったが、その日が来るまで精一杯頑張ろう。この富山の大地・自然に私は何度も励まされた。

◉手のぬくもりと借用書

父が癌を宣告されてしばらくしてのことである。相変わらず、資金繰りに四苦八苦していた私に銀行から電話が入った。以前からお願いしていた1千万円の運転資金の依頼に本部がＯＫを出したとのことである。

「これでしばらく職人達に給料が払える」と喜んだのも束の間、私以外に父を保証人にしたいという。そして、「銀行として説明責任があるので本人に説明してからサインをもらいたい」、という。その父は病室である。父は「わかった。ワシがサインする。担当者を連れてきてくれ」と言った。

翌日、担当者とともに病室に入ると、父が寝ていた。銀行マンには、腰の検査で入院していると伝えてある。

私達の顔を見て、ゆっくり上半身だけ起き上がる父。本人の前に小さなテーブルを置いて、書類を並べる銀行の担当者。説明をじっと聞いて、ペンを持つ父の手が大きく震えている。満足に字が書ける状態ではない。

銀行に悟られたくない——そう判断した私は、とっさに父の手を握り、字を書き始めた。

私は一体、何をやっているのだろう。

父の手が温かい。むしろ機械のように冷たい手ならば、私の心はもっと冷静だったかもしれない。大好きだったこの大きな熱い手に、死を迎えようとしている老父の手にペンを持たせて、1千万円の銀行の借用書を書かせている。

「サラ金の借用書ではないよ。銀行の借用書だよ。気にすることはないよ」と、一人の私がつぶやく。

「なぜ、旅立とうとする父に重い荷物を背負わせるか。親不幸で出来損ないの人間だ。世界中が今のお前の行動を罵るだろう」と、もう一人の私がつぶやく。

書き終わった瞬間、私の心を察してか、父は目を見て小さく頷いた。私はその頷きには答えず、何も考えないようにして「よろしくお願いします」と深々と頭を下げ、書類を担当者に手渡しした。

会社を経営するとはどういうことなのか。
お金の重みとはどういうことなのか。
借用書を書くとはどういうことなのか。
生きていくとはどういうことなのか。
頭で考えることと、ハートで感じることは必ずしも一致しない。お金が絡むと特にそういうジレンマに直面する。

それらを乗り越えて初めて「社長」になるということを知った。

◉現金という血液

「お金がない」と「借金がある」とは状況が違う。

当社の場合もその当時、土地や建物、機械、材料、在庫製品などの「資産」はあった。会社の資産を評価するための表「貸借対照表」にもしっかりと億単位の資産があることになっている。高校時代、商業高校だった私は簿記の授業でこれらの損益計算書、貸借対照表の仕組みはしっかり頭に入れていたつもりである。

しかし、どれだけ帳簿に資産があっても、会社の血液である「現金」がなければ会社は活動することができない。

製造業の場合、モノを作り出すための「土地」「工場建物」「機械」「材料」そして「人(うちの場合は職人)」が必要である。

当社の場合は数百坪の土地に、それに見合った建屋があった。他の業種に比べてものづくりというのは先行投資の部分がかなり大きい。創業から長い時間をかけて経営している当社でもそこの負担は減らない。

銀行から融資してもらった資金は、設備資金の場合だと7年～10年の期間で利子をつけて返却していくことになる。売上(収入)がなければ、これらの返済金や社員への支払い、機械のリース料支払いだけが発生することになる。売上があってもなくても発生する費用を固定費というが、この固定費が大きすぎた。大きな資産であってもそれに見合った数字を上げなければ、「負債」となってしまう。支払いを少なくするためには、社員を退職させたり、その土地や建物を売却したりして固定費を少なくする。企業規模の大小は関係ない。

さらに、土地や建物には銀行の支払い以外に税金がかかる。固定資産税である。存在するだけで働かず、出費になる資産ならば、それは負債と同じだ。

日本でのものづくりが大変な点は、こういうところにもあるのである。

土地代が高く、税金も高い。

働く社員の賃金も他国からみれば高く、社会保険も高額である。

存続し続けるためには、現金という血液が必要である。

その血液が充分に回らないと貧血になるか、死に至る。

会社立ち上げました、という人は多いと思うが、いきなり人をたくさん雇って製造業を立ち上げ、存続し続けるということはかなり困難な時代になったのかもしれない。

当時、ビジネスで流行した言葉は「貸し渋り」「貸しはがし」「セーフティネット」。

貸し渋りは、中小企業が「お金を貸してほしい」ということに対して銀行が「貸したくない」と渋ることである。貸しはがしはもっと悪い。お金がなくてヒ～ヒ

～言っている中小企業に、「貸した金を返せ～」と現金や担保の資産を回収することである。こうなると水戸黄門（またか！）に出てくる悪の越後屋と大名一派そのものである。

今だから茶化して書いているが、当社はまさにこのモデルケースであった。時の人、竹中平蔵氏が金融担当大臣となり、銀行に不良債権処理を急がせた2002年9月以降、日本の銀行は浮き足だった。

不良債権のリスクを回避したい銀行側は、自己資本比率を確保するため、自分達が生き残るために「貸し渋り」「貸しはがし」を始めた。体力がない銀行は、それが露骨であった。

父は工場以外に小さな土地を3ヶ所保有していた。もちろん銀行の担保に入っている。現金が枯渇した状態だったので、資産（土地）の売却を進めた。この当時すでに買い手市場である。帳面上の評価額ではもちろん買ってくれない。相場よりかなり安い金額であった。

売却すると聞いた銀行側は、お金を返して欲しい、となる。1円でも他の銀行よりも多く、という感じである。

「あの銀行がそれだけなら、うちはもっと貸しているから、これだけは返してもらいたい」

もう、こうなると言うがままである。駆け引きも何もない。神様の手の平にのったアリンコである。気に入らなければ握りつぶされる。

数ヶ所から借りていれば、その分の数の担保が入っている。返さないと担保を抜かないと言う。売れた土地に群がるように銀行側は、現金をはがしていく。

土地を売っても手元にはほとんど現金は残らない。

それでも、少しでも返済の額を小さくし、手元に現金がほしいので、繰り返した。


売却後は虚無感だけが残る。

頭で考えることと、ハートで感じることは違う。

私は、竹中大臣も、その頃の銀行も、担当者も恨んでいない。皆、自分達のことで必死だったのだ。最後は「借りたものが悪い」というだけのことである。


セーフティネット（安全網）――これも耳にされた方は多いであろう。

貸し渋り、貸しはがしが社会問題になり、慌てた政府は、中小企業のためにセーフティネットを設けた。保証協会や政府系金融機関などの国系の機関を利用すれば低利、無担保、無保証などで融資してもらえる制度である（それぞれ条件は違う）。国が用意した制度である。こんなに安心で頼りになるものはない。

私も新聞の広告を見て喜び勇んで、政府系金融機関の窓口に申し込みに行った。しかし、2週間、3週間　1ヶ月経っても連絡がこない。電話しても「担当者はいない」と、なしのつぶてである。こちらから電話してもらちがあかないので、窓口に出向いていった。担当者が出てきて、「審査の結果、融資することはできません」の一言。これで終わりである。制度があっても、危ないところに貸して倒産されたら、やはり担当者の責任なのだろう。

その後、過去に取引がない政府系金融機関にも足を運んだ。取引のある金融機関でも断られたのだから、新規のところなどもちろん貸してくれるわけがない。しかし、もう正常な判断などできていない。私の顔色、表情は変わっていたと思う。

銀行は、取引先の会社に訪れた際、その会社の玄関、事務所、トイレ、カレンダー、事務員、経営者の顔色、状態など見る習慣があるという。末期の会社、経営が苦しい会社は会社の隅々まで意識が回らず、散らかりがちになる。カレンダーでさえも前の月になっていたりする。

この頃の当社はもうバタバタの状態と映ったに違いない。私の顔色は言うまでもなかった。

◉原点に返る

真っ暗な砂漠の真ん中に深く穴を掘り、そこに入り、うずくまったまま何もしたくない。でも、その穴に入らず、また一歩、一歩と踏み出すことができたのは、小さな希望の光が私を後押ししてくれたからだと思う。

私の場合、それは周りにいてくれた人達、家族であり、私を信じてついてきてくれた職人、社員達、そしてネットからのお客様の声であった。

ネットの受注だけは伸びてきた。

ネットで購入されたお客様から、様々なコメントをいただいた。

「通信販売でも、職人さんの真剣さ、会社の真摯なものづくりへの思いが伝わってきます。対応も抜群に良いです。うちの建具はみんなタニハタさんに変えました」

「誠実な対応に感謝します。梱包といい商品といい、御社のお客様に対する気持ちが伝わってきました。これからもいい商品を作り続けてください。社員一同！」

「細かい寸法やデザインは、発注後の朝に電話で話をしただけですが、微調整なくぴったり収まり、スムーズにスライディングし、職人技にちょっと感動でした。有難う御座いました」

「購入した福袋の商品にやや欠陥がありました。今回の投稿はこの「欠陥」についてではありません。問題はその件を連絡した時の御社の対応についてです。言い訳は一切無く、対応は迅速且つ誠意十二分でした。今まで他社で何度か同じようなケースに遭遇し不愉快な思いもしましたが、今回の御社の対応は抜群で、商品と同様素晴らしいものでした。対応していただいた担当の方は勿論、そういう指導をされている経営者の資質にも感服しました。安心して買い物ができる最高の会社です」


感動をお客様に与えたい、と思っているつもりが、逆にお客様からたくさんの感動をいただいている。

ありがたい。心からありがたいと思う。

ショップを運営されている多くの方は、この言葉を励みに頑張っている。もし購入したお店でサービス・モノが良かったら、皆さんもぜひ、コメントを入れていただけないだろうか。

そんなお客様の中から
「組子欄間は製作していないのか」

「和風の格子の引き戸、間仕切りは製作していないか」

という問い合わせをいただくようになっていた。

時は2005年。インターネット販売を本格的に開始して5年経とうとしていたが、少しずつ和風商品への関心が高まっているのを感じていた。

お客様の層も50代以上の方が増えてきている。「和風の良さがまた見直されている」――そう実感し手応えが出てきた。

組子職人が、株式会社タニハタが、そして私が本当に作るべき商品は「組子欄間」ではないか？

私が切り捨てたあの組子欄間をもう一度やるべきではないか？

創業した当時から1990年代前半くらいまでは、伝統木工技術で「組子欄間」「格子の引き戸」、いわゆる「和風組子製品」を製作する会社であった。

しかし若い人の和風離れ、住宅着工率の減少、住宅単価の低価格化などにより和室が無くなり、それに伴い和室に使用される「組子欄間」「引き戸」「書院障子」が激減した。2000年に楽天に出店したときも洋風組子・ラティスに絞り込んで商品開発をした。その当時はまだ、購買層は20代、30代中心で、40代以上の和風商品が好きな層は少なかった。何度か組子欄間をページにアップしたが、反応は全く無かった。

洋風ラティスも毎年、少しずつ数字が伸びてきている。あの時の私達の判断は間違っていなかったと思う。

しかし、ずっと心の中に引っ掛かっていた。以前の工場長が辞めたときのことを。常に難しい仕事を目指す本当の職人の姿を。

インターネット販売のノウハウを培うことができた。

職人達も段取りよく対応できるようになってきた。

財務も、不動産を売って持ち堪えている。

いよいよ次に行く段階である。

機は熟してきた。

和風、組子欄間のホームページを作り、お客様にもう一度、「和」の良さ、「日本意匠の素晴らしさ」を伝えよう。そして、治療中の父にタニハタの未来を見届けてもらおう。

そう決心した。

第五章

今こそ「和」を取り戻す

◉「和のホームページ」で堂々といこう

2005年夏、タニハタの新しい挑戦である「和の良さ」「日本意匠の素晴らしさ」を伝えるホームページ作りが始まった。ゼロから作り始める途方もない作業である。

楽天のネットショップ作りでは、看板、バナーデザイン以外は自分が行ったが、和風サイトは、素人では限界がある。

単に組子欄間を紹介するにとどまらず、デザイナーや設計のプロの方にも「組子欄間はすごい!」となってもらえるページにしたかったからだ。

そこで当時、富山市にあったホームページ製作会社・アクセスネット情報技研の長棟さんという方に全体のページ製作を依頼した。きさくな方で、今でも私の無理をニコニコ聞いてくれるナイスガイである。私の切羽詰まった鬼のような注文を聞いてくれる業者はこの仏のような方しかいない、と感じた。

現場の施工写真や文字デザインは高さんに、買い物カート部分は谷川さんという方にそれぞれ依頼した。

私自身は商品写真、作業場写真やバナー、キャッチコピー、説明文などを担当。やはり会社の生命線に関わる部分は人に任せたくない。自分で作り込みたかった。

『人は見た目が9割』という本がヒットしたが、ホームページでいえばパッと最初に目に入る範囲・ファーストビューが重要になる。そこにお客様が求めている情報、商品、雰囲気などがあり、良い第一印象がないと、次にもう来てくれない。

正直、私自身は第一印象が良い方の人間ではない。あとで仲良くなった人から「怖い人かと思った」「ヤバそうなオーラを感じた」。中には「逃げたかった」という衝撃的なことを言う人までいて、その都度変えようと思ったが、もうすでに私の遺伝子は完成されているようで、今や諦めの境地である。

しかし、ホームページはこれではいけない。

サーファーのように次から次、いろいろな波（ホームページ）をサクサク見ることが当たり前になっているお客様は、ほんの一瞬の判断で次の波に乗り換えてしまう。お客様が初めてホームページを開いたときに、自分にとって見る価値のあるページかどうかを判断する時間は3秒という「3秒ルール」があると言われるくらいだ。

では、具体的にファーストビューに重要なものは何だろうか?

それは商材・PRしたい内容に左右される。色遣いひとつとってもいろいろな考え方がある。手探りで考える必要がある。

目をつぶって、

・自分の会社の一番の特徴は何だろうか
・自分の会社・組織はなぜ、生き残ってきたのだろうか
・今までのお客様はなぜうちの会社を利用してくれたのだろうか
・お客様がうちの会社を利用するときにまず最初に何をイメージするだろうと考え、そこで最初にひらめいたものを大切にしていく。

それは「商品」や「技術」なのかもしれない。「小回り・デリバリー」なのかもしれない。中小企業の場合、「人」なのかもしれない。どこかに会社・組織の生命線が見える。

「時代に合わない、売れなくなった」と嘆くだけでなく、もう一度、時代を逆行してでも見直してみたい。そして、そこを膨らませて、胸を張り、堂々とアピールしたい。

その情報・うんちくを心おきなく述べる場がホームページなのだ。

数百ページになっても全然構わない。上手にまとめようとする必要はない。人から笑われることがどうしたというのだ。

自分を裏切り続けて何が人生だ。

上っ面だけの、綺麗にまとめあげただけのホームページは世の中にあふれている。いや、もう世の中そのものが、そんな状態になってしまったのかもしれない。

自分が培ってきた小さな光を握りしめ、それを掲げて、世界中の人に対して「うちの会社はこれが特徴である」と宣言するのだ。「魂」の一部をちぎって仕事に、ホームページに「命」を吹き込むのである。

タニハタの場合、核となるものは「組子技術」であり、「組子欄間」であった。

組子欄間なんて誰も知らないし、洋風の時代に合わなくなった。

こんな和風組子は売れなくなると、ばっさり見捨ててしまった。

たしかに会社は生き残ることはできた。

しかし、うちにとって本当に大切なものまで消えていこうとしている…。

目をつぶって「組子欄間」が頭の中に現れた瞬間、看板、キャッチコピー、過去の重要なことが浮かんだ。色遣いからファーストビューまで自然な形でホームページデザインが決まってきた。

どんな時代になっても、これだけは変わらない。ホームページであろうが、印刷物であろうが、商品であろうが、サービスであろうが、「核」になるものを意識することが最優先である。

◉色と雰囲気は会社の象徴

今ではもうかなりの方が、インターネットを通じて買い物をされているのではないだろうか。

私が楽天に出店した2000年は、まだ楽天の名前を知らない人が圧倒的であった。銀行の担当者に話したら、

「らくてん？　そんなインターネットなんかで売上は上がらんですよ。ハハハハ～ッ」と大笑いされた。

総務省の「平成21年通信利用動向調査」によると、インターネットの利用者数は9，408万人、人口普及率は78・0％。（平成21年末）。商品・サービスの購入等の経験者は53・3％。日本人の半数はインターネットで買い物をしているのだ。買い物慣れしている人も多くなってきた。

そういう人達は、賑わっている雰囲気のお店のホームページの色遣いはどんな色と感じるのか。

楽天のトップページを見てみると明らかな通り「赤系」「黄色系」中心である。

赤は刺激的な色である。購買意欲も増す色であり、目も引きやすい。親しみやすい。売上・数字を伸ばす色は自然とこの系統になってくる。

一方、ルイ・ヴィトンやグッチ、シャネルなどのブランドのホームページはど

うだろう。

黒、深い茶、灰色などが中心で、派手な色味は少ない。

高級感を出すときは自然とこういう色になり、間違っても「赤系」「黄色系」中心にはならない。ブランドイメージを損なう色は決して使わない。

色もブランド戦略の一つである。

ただし、一つ間違うと「お高くとまっている」「陰気」と取られかねない色合いである。


私が和風・組子欄間のホームページを作るうえで一番、重要視したのはこの「色遣い」である。「赤系」「黄色系」の〝売りまっせ〜、さぁ来い！〟的な色合いは使用したくなかった。楽天に最初に出したときに「笑顔」「人気(ひとけ)」「にぎわい感」「明るさ」はショップ運営には大切なキーワードであると教えてもらった。売上を上げるための大事な法則を学んだ。

しかし、それをホームページで表現しようとすると、一方で失うものがある。

「落ち着き」「静けさ」「薄暗さ」…、上記と相反するキーワードである。

にぎにぎしい場所は確かに臨場感があり、つられて買ってしまいそうだけれど、静かで暗いお店で買い物をしたいときもあるのではないか。店主が笑顔で出るだけがすべてではないのではないか。タニハタのページの場合はどうするべきなのか。

一つの原則を学んだとき、その反対側にあるものも考えてみると良いかもしれない。


私の迷いを払拭したのが、谷崎潤一郎の『陰翳礼讃』という本であった。

古来の日本では陰翳を認め、日本人はその中で生きる工芸・芸術を作り上げた。日本古来の芸術の特徴だと主張している。暗さや静けさは古来の日本では当たり前であり、この中で文化・芸術が生かされてきたのである。

アートや工芸、文化などを表現するには、「赤系」「黄色系」「明るさ」「にぎわい感」のカラーでは馴染まないことが多い。

タニハタが「組子欄間」を販売するにあたっては、ホームページの色遣いを大きく変え、自社ドメインで運用することが必要だと確信した。

◉光と影を撮る──写真の役割

インターネット通販を飛躍的に伸ばしたと思われるものに「宅急便」と「デジカメ」がある。

初めてホームページを作ったときはまだ普通の一眼レフカメラだった。プロカメラマンに依頼すると、本撮影の前にポラロイド（インスタントカメラ）でテスト撮影し現像されるまでの時間、その紙をパタパタうちわのようにあおいで、出来上がりの時間を待ったものだ。

20ページくらいのカタログを製作したときは、その商品写真を撮影するのに朝から掛かって終了は夜中1時を過ぎていた。

慣れない作業ということもあり、もう途中で集中力も途切れてくる。「この詳細な部分は、もっと明るく撮影してもらわなくては困る！」と最初は細かくダメ出しをしていたのが、最後になったら「ふぁ〜、もう…すべて、おまかせで…す…」と目をこすりながら撮影を続けた記憶がある。

また、当時一眼レフカメラで撮影した場合、撮影したものをその場で確認することができないというのは痛かった。

当社の製品は室内の暗い場所で撮影することが多く、暗いと手ブレしやすく、綺麗に撮れない。予想したイメージと違い、仕上がった写真を見て何度撮り直ししたことか。

ある時、知り合いのカメラマンが「谷端さん、コレを見てよ」と目の前に出してきたのが、カシオのＱＶ10というデジカメだった。日本でデジカメの火付け役となったカメラである。

スイッチをスライドさせて、シャッターを押すだけで撮影、その場で確認できる。今では携帯電話にも当たり前についているデジカメ機能だが、当時は画期的だった。

デジカメの進歩による撮影時間、撮影コストの短縮は、ネットショップ運営者にどれだけの恩恵をもたらしたか計り知れない。撮影技術はすぐに向上する訳ではないが、デジカメは何枚撮影しても現像代がかからない。何度も撮り直しできる。

「組子欄間　タニハタ」のホームページの商品写真は、ほとんど私が一人で撮影した。

いろいろな人から「商品写真はご自分で？　すごいですね、コツとかあるんですか」と聞かれると私の鼻が数センチ高くなるのだが、コツなんてない。下手な鉄砲も数打ちゃ当たる、方式である。

撮影中、1カットにつき20枚くらいシャッターを押すのはザラである。露出などを微妙に変えてとにかくパシャパシャと数を撮りまくる。すると…、その中で1枚、（私が見て）最高と思われるものがある（はずである）。とにかく露出を変えて撮影枚数を増やすことである。

もう一つコツを言うならば、商品撮影の場合「光」が重要になる。フラッシュは絶対に使用しないこと。どんな商品も安っぽく写ってしまう。

また、自然（太陽）光と蛍光灯の光は波長などが違うので、両方の光を入れると綺麗な色が出ないことが多い。どちらかの光に絞って撮影することをお勧めする。

ネット通販などで撮影ライトも販売しているし、ＩＴ機器の量販店で商品撮影用のブースやライトがたくさん展示販売されているのを見かけたこともある。意匠商品を製作・販売している方は活用してみてはいかがだろうか。

写真１枚でお客様の反応がガラリと変わることも珍しくない。

◉傾いた時計——職人の父の最期

和風のホームページ作りに精を出す傍ら、入院している父を毎日見舞った。

余命1年という宣告を医師からされたにもかかわらず、父は、

「最近の病院医療は進んでいるぞ。今日はこんな風に治療された。こんな機械を見た。我々も現状に甘んじていてはいかん」

と、病院で起こったこと(本人がその日学んだこと)を生き生きと話しかけてくる。

明るい表情は私には救いではあったが、一方で不思議でもあった。

今日学んだことが、一体あなたの何に役立つのか?

自ら死を悟りながら、なぜ前向きに生き続けることができるのか?

心の中で問いかけ続けた。


そして、父が存命のうちに念願の和風ホームページを完成させることができた。


亡くなる7日ほど前のことだった。

自宅で最期の時を過ごしたいという父が病院から帰ってきた。

体が衰弱して起き上がれない状態であるが、なぜか小声で私に話しかけてきた。

聞き取れなかったので耳を近づけると、

「時計…、傾いとるぞ。直せ」

と言うのだ。

視線の先を見ると正面の壁に掛かった丸い時計がほんの少しだけ（5度ほど）斜めに傾いている。

私は絶句した。


「人は生きてきたように死ぬ」という。

「組子」という水平・垂直の、小さな誤差を許さない職人世界で生きてきた父は、目の前の時計のわずか傾きが許せなかったのである。

何という頑固さ。何と融通のきかない人なのか。

組子職人として生きる、とは？

全身の力を振り絞り、最後の瞬間まで、年老いた職人は私に大切なことを教えてくれたのである。


3月25日。実家に行くと、母がちょっと目を離した隙に、父がベッドから半身落ちそうになっていた。私は慌てて体を起こした。

目が空を漂っている。もう顔が真っ白である。私はしっかりとその細い体を抱きしめた。あんなに熱かった手は骨だけになっている。その目を見つめてゆっくり語りかけた。

「あんたに見せたいもの、あるがや。

世界一のホームページできたがやぞ。

あんたと世界中に組子欄間を売るがやぞ」

父に届くように語りかけた。

しばらくして、目が合った。通じたのだろうか?

静かにベッドに寝かせた。

顔に血の気が戻ってきた。

私も静かに呼吸をした。

もう、命は長くはない。私は悟り、すぐに職人たちを集めて事情を話した。

職人たちは黙っていた。

その夜、私は父のベッドの横で寝た。痛み止めの注射でもうろうとしている。そんな状態なのに右手に長い木の桟を持っていた。持っていると落ち着くようだ。一晩中、寝言のようなことを言っていたが、朝起きると不思議とシャンとしていた。

目を見つめて「会社に行ってくるちゃ」と言うと、驚くような声で「オウ」と私の目を見て返事をした。

これが父と交わした最後の会話である。

その日のお昼、母からの電話で自宅に戻ると、すでに死後硬直で口を大きく開けて横たわっていた。

――すみませんでした。すみませんでした。すみませんでした…。

その後はよく憶えていない。

父の亡骸はベッドの隣の部屋の3畳ほどの部屋に移された。母がこの日を察して、小さな応接セットがあったのを処分し、亡くなる直前に畳を新しく入れていた。自宅は6階建てのビルなのに、最後の夜を過ごせる場所は6畳の和室とこの小さな3畳の部屋だけだ。

「俺の部屋は体一つ寝るところがあればいい。あとは作業場にすればいい」

そういう声だけが聞こえてきた。

◉「気概のビル」との別れ

父が亡くなり、父名義の借金返済は、私が引き継ぐことになった。

最終的には、その支払いをするために、あの「気概の6階建てビル」や作業場はすべて売却した。

残ったのは第二工場だけである。

父の気概も、思い出も、私はすべて手放した。

鉄筋の古いビルは、何の価値もない。現在の建築基準法に適合していないために、市場価値がない。しかし、鉄筋のビルは法定耐用年数50年である。帳簿上はまだ価値がある。

固定資産税も毎年、100万円以上かかっていた。壊そうと見積りを依頼すると工事代は1千万円以上と言われた。もはやこのビルに価値はない。ただ、建っているだけである。そこにあるだけで100万円以上の血が流れる。

「父も亡くなった。もう、土地の値段だけで売ろう」

そう頭を切り換えた途端に売れた。

しかし、売却してもなお多額の負債は残った。

「倒産した訳じゃない。スリムになっただけだ」

自分に言い聞かせた。

建物からすべてのものを運び出した。

中に神棚があった。もう神棚になんか手を合わせても何も変わらない。そう思い、そのまま工場の倉庫に入れた。

売却したお金の一部でお墓と墓地を購入した。そのお墓は中国製で、てっぺんが丸みを帯びている洋風のデザインである。純日本風の国産の墓ではない。

「苦笑いしているかな？」

そう思いながら手を合わせた。

墓を買えただけ良しとしよう。

何も特徴はない墓場だが、立山連峰だけはよく見える場所である。夕日を浴びた秋の立山連峰も美しい。

守り続けたものを手放した私は、できたばかりの墓の横で、しばらく山を見続けた。

◉希望――IT経営百選・最優秀企業賞受賞

２００６年９月29日。私に１通のメールが届いた。

貴社は平成18年度ＩＴ経営百選最優秀賞企業に選定されました。
誠におめでとうございます。
認定証授与式及びそれに引続き意見交換会を10月24日(火)に予定致しております。
つきましては平成18年度ＩＴ経営百選認定証授与式へご出席頂きたく
ご案内申し上げます。

「ＩＴ経営百選」は、国(経済産業省)が全国の中堅・中小企業経営者の目標となり得るＩＴ経営の優れた企業を表彰した、２００４〜２００６年に実施されたプロジェクトである。

当社が最優秀企業賞に選出されたのである。「最優秀」とついているが、複数社選ばれている。それでも全国で一番と言われたことに変わりはない。

夏前に人に勧められて応募したのだ。3月にできた和風「組子欄間　タニハタ」のホームページがどれだけ評価されるのか知りたかったというのが理由である。もちろん「最優秀」なんて大それたものをもらえるとは思ってもいなかった。

ＩＴコーディネータの梶野さんという方が応募の担当者となり、いろいろ細かく立ち回っていただいた。この方がいなかったら受賞できなかったであろう。人の縁に感謝、感謝である。

受賞のメールを読み、自分の中で、ポッと火が灯ったのを感じた。久しく感じていなかった熱い火の感触である。

たくさんのものを失ったが、小さな希望の光が、また心の中に灯った。もちろんＩＴ系の受賞は初めてである。

この後、ありがたいことに「２００９年元気なモノ作り中小企業３００社」「中小企業ＩＴ経営力大賞２０１０・ＩＴ経営実践認定企業」「中部ＩＴ経営力大賞２０１０・優秀賞」など、数々の賞をいただくこともできた。

◉店舗装飾用の組子欄間が誕生！

「組子欄間　タニハタ」のホームページを製作してから、いろいろなものが好循環し始めた。

ＩＴ経営百選で最優秀企業賞を受賞したのも要因だと思うが、テレビや新聞、雑誌などで多く取り上げられ、それに合わせてＩＴに関する講演などの依頼も増えた。

一方、仕事面でも、組子欄間への関心の高まりがみられてきた。

「店舗装飾に組子欄間を用いたいのだけど…」という店舗オーナーや店舗デザイナーからの問い合わせが多くなった。

たいていは、「おたくの和風ホームページを見たのだけれど、組子欄間の素晴らしさに魅了された。とにかく一度、店舗装飾に使用したい」といった感じである。

欄間は日本古来の木造建築住宅の茶の間、客間等に品格を保つための室内装飾として取り付けられてきた。装飾以外にも権威を表すために用いられたとされ、江戸時代までは一部の特権階級にしか取り付けが許されていなかったという（農家・商家が取り付けることは許されておらず、もし設置した場合は厳しく罰せられた）。

このように和室に設置する住宅用欄間は、日本の建築部材の中でも特にこだわりの強い住宅部材として用いられ、職人達も最高の素材、最高の技術を用いて製作してきた。

住宅用組子欄間は、高さ約400ミリ、前後幅1間（約1800ミリ）を2枚くらい使用するのが通例である。小さなサイズだからこそ丹精込めて製作できた、という面もあった。

ホームページからの問い合わせの多くは日本料理店、旅館、ホテルからで、大広間などで高さ幅2〜3メートルになる組子欄間を大きく壁のように装飾的に使用したいというご希望である。

正直に言えば、大きなサイズに対応していけるだろうか、一つ間違うと以前のように地に足がつかず怪我人続出の事態にならないだろうかと不安もよぎった。また、店舗の仕事は納期が短いこともあり、「短納期で仕上げる」ことを要求されるが、従来の住宅用欄間の製作方法では製作時間が多大になってしまう。

だが、これは組子欄間を復活させるチャンスである。

職人達と相談し、店舗用組子欄間と住宅用では木の選出や仕上げ方を変えた。一方で、大判寸法での耐久性を上げるために、古来から伝わる組子技法、ノウハウを駆使し、対応方法を考案した。また新技法を開発して、細かな葉っぱ入れの作業を短縮するようになった。

一見、同じような作りではあるが、製作の仕方を根本から見直したのである。壁にぶち当たったときは、白紙にして一から見直すことも必要なのだと思う。

職人達も最初は「こんな大きい寸法、本当にできるがかの?」と不安そうであったが、1回、2回、3回…と製作しているうちに、どんどん手際が良くなる。納期もお客様の希望されるものに対応できるようになってきた。

特にかつての組子欄間時代を知る職人は、

「以前でもこれほど麻の葉欄間を作ったことはなかった」

「こんなにたくさん組子欄間の注文が入ってくるとは」

と驚きを覚えていたようだった。

消えかけた麻の葉、胡麻柄、七宝、紗綾形…といった日本の伝統意匠が工場の中で再び見受けられるようになり、職人と工場が華やいできた。

▲店舗内装に使われる組子欄間の例
上）（札幌）炙屋　あぶりや
　施工：コウ建築
下）大阪なんばパークス　自然食レストラン　菜蒔季
　デザイン：cong design office

◉インターネットの神様が開いた世界への入口

「インターネットの神様」がいるとしたら、私は心からお礼を申し上げたい。

日本人の誰もが知らない、使おうとしない組子技術、意匠、いや、私までも見捨てた「組子」「組子欄間」が、大きく息を吹き返した。

ブロードバンド回線が普及し、回線速度が急激に上がったことも追い風だった。以前は大きな写真1枚表示させるのに数十秒かかったものが、今ではテンポよく表示される。

組子欄間は意匠製品である。それも細工ものである。写真を大きく、綺麗に仕上げてアップさせないことにはお客様の心には響かない。小さな写真や文字だけでは訴えることはできないのである。

ホームページを初めて立ち上げた1996年。

楽天に出店した2000年。

和風の自社ホームページを開設した2006年。

2007年――時代がようやく、味方するようになってきた。

和風スパゲッティ屋、有名なアパレル店舗、百貨店、ホテル…。組子欄間は、私にも想像できなかったいろいろな場所で採用されていく。歯車が勢いよく噛み合い出した。

2007年には、初めて海外の店舗に納入。香港のジャパニーズレストランであったが、有名な店舗デザイナーの方が手掛けた店である。「三種組分欄間」という住宅でも滅多に使用しない高級組子欄間を用いている。客席の一つひとつに組子装飾が施され、かなりの枚数になった。

それ以降、韓国やドバイ、フランス　ドイツなどにも納品した。といっても自分が現地に行って商談するのではない。ほとんどメールと電話のやりとりである。面白いもので、こういう施工例が増えてくると、その例を見て、消えかけていたはずの住宅用の問い合わせも復活してきた。

「欄間を入れる予定はなかったのだが、ホームページを見てぜひ組子欄間を入れたくなった」

といった感じで、個人のお客様やそれを施工するハウスメーカー、お寺のようなところからも引き合いをいただくようになった。

日本を代表する企業や場所にも使用されるようになった。

2010年、羽田空港の新しい国際線ターミナルのJALサクララウンジに当社の桜柄の組子欄間を設置していただいた。

一方でANA「翼の王国／WING SPAN（国際線）」の表紙にタニハタの組子欄間が使用された。

どちらも日本以外の方の目に触れる場所である。

2012年5月オープンの東京スカイツリーの中にある日本酒専門店にも組子欄間が使用されている。

ただし——。組子欄間は手作業の部分が多い。
施工実績が増えたといっても、借金がゼロになり、左うちわで経営ができるようになった、という話ではない。残念ながら…。

しかし、一時は売上が減少し、古参の職人が去っていき、組子職人達の誇りも自信も失いかけた。インターネット販売を粘り強くやってきたお陰で、今では売上のほとんどがネット経由となり、職人達の表情も明るくなった。

ネットによって、職人の心意気が蘇ってきたのである。

◉幸福に向かうための撤退

ネットから組子欄間の引き合いが増えるに反比例して、従来のお客様からの注文は少なくなった。

それでも、昔から取引があった富山県内の建具屋さんからは年間1千万円ほどの売上があった。父の頃からお付き合いのある馴染みの方ばかりである。

製品の半分は襖に使用される格子状のタンパンという芯材なのだが、この製作にはかなりのスペースが必要であった。大型のホットプレス機も置いて、その前後に一定のスペースも取らなければならない。

一方、息を吹き返した組子欄間は工場の2階で作業していた。屋根が鉄板で鉄骨造りの2階である。夏は地獄の釜のように熱い。2階の工場内温度は40度近くである。スポットクーラーも置いているものの、焼け石に水状態である。

さすがに若い職人たちもお盆休暇近くなると、バテバテになってくる。とにかく「根性」。星飛雄馬の頃と変わらない作業場である。

私は組子欄間の作業場を、芯材を製作している1階に移すべきではないかと迷った。人を組子欄間に集中させ、従来製品の製作から撤退すべきではないか…。

いろいろなことが頭の中をかけめぐり躊躇する。売上が無い頃に七転八倒したことが、トラウマになっているようだ。また売上が落ちるかもしれないと思うと、なかなか思い切れない。

1999年の工場増築は心の中に「どうにかなるだろう」と甘い部分があった。しかし、たとえどんな決断にせよ、やはり悩んで当然であるし、1分1秒を争うもの以外は、会社の節目にあたる決断はしっかり熟慮すべきだと思う。

今回は長い時間悩んだ末、大型プレスを売却し、2階の職人達を1階で作業するよう決めた。


従来の建具製品を廃番にした結果、その年の売上は一時的に大きく落ちた。タニハタの歴史上最低の売上金額を記録した。

ところが、赤字にはならず、資金繰りに詰まることもなく、逆に借入金が減少した。そして組子欄間の注文は増えた。

何よりも体の負担が少なくなって、「今年の夏は楽だったちゃー！」と明るい顔をしている職人達を見たときに、やってよかったと実感した。

お金は大切だが、幸せの基準をどこに置くかで人生の幸福度も変わってくる。売上だけを追いかけるのか、働く人達を大切にするのか――こういう時代だからこそ目線を上に向けて、胸を張り、恐れずまっすぐに坂を登って行こうと思った。

第六章

ネット時代、中小企業が大切にしたいもの

◉モノの見方を変えてみる──「想像」と「創造」

組子欄間の引き合いが多くなり、お褒めの言葉をいただくようになった。

ここに至るまでには試行錯誤の連続で、小さな可能性の光を少しずつたどりながら(一時は真っ暗になりながらも)、何とか現在の状況にたどり着いた。技術、デザイン、販売方法、仕入先。すべて一つひとつの行動を積み重ねて道を進んできた。

「組子欄間のような珍しい商材だから倒産せずに済んだんだよ。先祖に感謝しなくちゃ」と言われることがある。

その都度、私はめまいが起きそうになる。「組子欄間」に限らず、我々の周りには磨けばまだまだ輝くようなモノ、製品、サービスがあふれている。時代を逆行してでも、再度いろいろな方面から見直すことが大切である。

現在、お付き合いのある通販生活のカタログハウスさんは、良い商品を常に提供しておられる。いろいろ大切なことを教えていただいた。

「デロンギ社のオイルヒーター」をご存じだろうか。イタリアの家電メーカーであるデロンギ社製のオイル内蔵型パネルヒーターである。この商品はこれまで、暖房器具でありながらなかなか部屋が暖まらない、ということで、日本ではあまり売れていなかった。暖房機というと、スイッチを入れる（点火する）と一気に部屋が暖まるものを指す時代だった。

「暖まらない暖房機」など、通常なら販売する立場の小売業としては「使い物にならない暖房機」として見捨てるところである。しかし、この会社では「暖房機をつけたままにしたら、喉が痛い」というお客様の声に気付き、

〝寝室に置いておくと、ひと晩中ホテルに泊まっているような快適さ〟

〝寝室でつけて寝ても喉が痛くならない暖房機〟

として販売した。

今では「オイルヒーター」が日本中に溢れているのは、ご存じの通りである。具体的に今までにない使用方法、価値をお客様に提案することで、新しく生まれ変わる。そこには「想像する力」が必要になってくる。

どんな産業でも「想像」は非常に重要なキーワードであると、改めて私は思う。

累計1万セットを販売したカタログハウスさんに納入しているタニハタのヒット商品、グッドデザイン賞受賞の「組子スクリーン」（本書105ページに掲載）も、この会社からヒントを教えていただいた。

写真で見ると一見、横線だけのシンプルな目隠しスクリーンであるが、このスクリーンは横線のパネルが2枚合わせになっている。そして片側の桟は上下に三

センチだけ移動する。

桟を上げると、スキマができ、桟を下げるとスキマがなくなり、光の量、目隠しの具合を調整することができるのだ。展示会でこれをやると、「おっ！」と一声あがる。

この一声がミソなのである。

これだけのことで、この製品は「デザインが美しい間仕切り」から、「美しく、目隠しの加減を調整できる機能的間仕切り」にワンランク、グレードがアップする。

見た目以上に恐ろしく手間がかかり、工場長や職人に怪我人が続出したのは先に述べた通りだが、この手間が価値を創造するのだといえる。

「モノが溢れて、商品の市場価値、値段が下がる一方だ…」と嘆く前に、今までにない価値を製品やサービスにつけてお客様に提案していきたい。

お客様が笑顔で使用してくれる製品。

執着ではなく愛着を持ってもらえる製品。

ほこりをかぶった製品、サービス、考え方であっても、「想像」と「創造」で息を吹き返す可能性があると思う。

1993年、初めてアップル社のパソコンに触れたときに私は衝撃を受けた。それまでテキスト中心であったパソコンの世界に〈映像と音の世界＝マルチメディア〉を持ち込んだすごさに加え、「多くの人に少しでもわかりやすくパソコンを使用してもらおう」という〈作り手側の心根〉を強く感じることができたのだ。

「3歳の子どもでも操作できるパソコン」は、多くの工夫、フレンドリーなデザインと機能で私を魅了し続け、その精神は、iPhoneやiPad、iPodなどにも受け継がれていることは皆様ご存じの通りである。

アップルはメーカーである。製造を委託しているとはいえ、モノを作り出す企業である。何もない平原に果敢に新しい道を作り出す〈挑戦する大企業〉である。アメリカ本社の大企業の精神とその商品に、日本の若者のみならず、世界中の大人、そして追随するメーカーは「心」を揺さぶられ、新商品の発売を、首を長くして待つ。

日本の企業から久しく魅力的な製品が出てこないのはどういうことだろう？

なぜ、海外企業の元気さばかりが目立つのだろうか？

戦後、上からの一方的な教え込み教育で創造力・想像力が欠如してしまったと誰かが話していた。計算に長けた人は多いのかもしれないが、自ら想像して創造する人は少なくなってしまったのかもしれない。私はそういう人が悪いとは思わない。世の中のバランスが崩れてきているだけだと思う。

今の日本の製造業は、想像し、創造する精神を忘れていないだろうか。

「そうぞう力」の熱いエネルギーが足りない気がしてならない。

◉目の前の利益、未来の利益――コスト

コストをあまりかけずに、全国、世界にモノを売ることができる中小・零細企業の強い味方、インターネット通販にも弱点がある。パソコンのモニター画面を介しての販売なので当然、発信できる情報は画面中の文字、画像、音に限られる。商品の匂いや質感、重さや手触り感などはそれを見ているお客様の頭の中でイメージしていただくしかない。

普段、目に触れることがないような(市販されていないような)商材の場合、そこを補うリアルの活動が必要になってくる。

当社の場合、希望される方にはカタログとともに木材の小さなサンプルや色サンプルを郵送している。

数センチの小さなカットサンプルだが、これだけでも商品をグッと身近なものに感じていただける。

インターネットは注文して商品が届くまで不安に感じる人は未だに多いので、そのお客様の不安を少しでも取り除いてさしあげる作業は手を抜かないようにしているつもりである。

コストはかかるが、大口のお客様には、職人が実際に小さなマス目サンプルを製作してから郵送することも行っている。

実店舗運営に比べてコストがかからないことがインターネット通販の特徴であるが、お客様視点に立って、お金や手間もかけるべきところはしっかりかけるべきだと思う。


経費を掛けないように。

お金を使わないように。

売上がなかなか伸びない時代、経費や材料代を切り詰めて、利益をどうにか出さねばと、経営者は、つい社員達にお題目を唱えてしまうが、これが行き過ぎると本来の目的を見失ってしまうことがある。


効率的にモノを作る会社といえばトヨタ自動車である。ユーザーの一人として感じたことがある。

当社の乗用車、配達車はずっとトヨタの車である。配達車はハイエースバン。37万キロも走って、なおも現役である(さすがに高速道路は怖いが…)。

37万キロ＝地球9周分、月までの距離に匹敵するほどなのに、特にエンジン故障はしていない。

「37万キロ走る車？　トヨタ以外では考えられないね」

と、トヨタ以外の自動車整備関係の方が舌をまいていた。

素晴らしい日本の立派な自動車である。

しかし、私が今、乗っているハイエースとその前のハイエースでは一ヶ所、明らかに違うところがあった。

荷台の内装側面である。その部分を最初に見た時は、少しゲンナリした。以前は荷台の側面が鉄板だったが、今の車は木質ボード。5ミリくらいの薄い合板が貼ってあるのだ。当社は木材加工会社だから、その理由はコストを下げるためだと見当がついた。

商用車だから木曽ヒノキ天然無垢材を貼ってくれ、と言う気はないが、薄い合板はないだろう。ここはせめて鉄板である。

購入してしばらくしてからその合板に誰かが荷物をガツン、とやったらしく、割れてしまった。

このアンバランスは一体何だろう?

ただでさえ内装が安っぽいといわれる日本車である。日本でものづくりの先端をいくフラッグシップメーカーとして、小さなところでも気を抜かないように、自負・心意気・スピード感をもって世界と戦ってほしいと願う。

田舎の〝TOYOTAファン〟からエールを送りたい。

◉アナログとデジタル――コミュニケーション

インターネット販売というとメールのやり取りくらいでビジネスが成立すると思われがちだが、先のサンプル送付以外に商談のステップでは宅配、手紙、電話、FAXなども駆使し、時にはお客様と直接面談することも必要になってくる。

サイト運営者は、「ホームページを見て問い合わせしてこられたのだろうからパソコンは持っていて当たり前。すでにうちの製品のこと、会社のことはおわかりになっているのだろう」と考えてしまいがちだが、電話で直接お客様とお話していると、案外次のような方が多いことに気付く。

・会社ではインターネットをやっているが、自宅ではやっていない方
・逆に会社ではやっていないが、自宅でやっている方
・携帯電話、スマートフォンでしかネット通販はしない方
・人からタニハタのことを聞いてホームページを見ずに電話してくる方

常にホームページを見られる環境を持ち合わせていない方が案外多いと気付いたのである。

また、ホームページにあれだけ「富山県で製作しています！」と記載しているにもかかわらず、お会いして名刺交換するまで、

「東京に会社があるのかと思っていました」という方がおられる。

こちらが伝えたい情報は案外伝わっていないのである。

何でもデジタルで済まそうとせず、昔からあるアナログツールも駆使して、お客様に必要な情報をしっかり伝えることが必要だと思っている。

〈ネット通販用ソフト〉

当社の場合、受注生産がほとんどなので、注文に至るまでの経緯は結構長い。先に問い合わせや資料請求、見積り依頼がある。これは個人のお客様、法人取引、両方に共通している。メールに加え、FAXや電話、郵便といろいろな手段が使われ、首都圏から富山の工場まで直接来社される方もいる。

お客様とのやり取りを知っているのが担当者一人だった場合、その人が不在だと問い合わせに充分な対応ができない。また、注文が入った場合も、どういう流れで入ってきたのかを皆が知っておく必要がある。

そこで、受注の流れ・情報を皆で共有するために、ネット通販用受注管理ソフトを使用している。資料請求、注文、問い合わせの3点については、このソフトのメール自動取り込み機能で自動的に顧客データベースが作られる。

1件ずつ手入力をしなくて済むのはデジタルの素晴らしさである。

メールソフトの機能もあるので、私を含めた業務担当者の誰かが問い合わせ返答、注文後の納期返答、出荷案内、お礼メールを送信すると、その履歴も皆で共有することができる。内容について電話で問い合わせをいただいた際、履歴を見て誰でも即答が可能になる。

メール送信の他に、送り状印刷機能や売上分析機能、入金などのチェック項目もついているので受注処理の進捗状況を皆で管理できるし、ミスも防げる。

ネット通販を始めた頃は、受注や問い合わせも少ないので表計算ソフト「Microsoft Excel」のデータベース機能などで何とか対応できたが、注文件数が増えてくるとこうした専門ソフトが欠かせなくなる。

〈データベース〉

データベースという言葉は少々無機質な印象だが、これを持っているとリピーターのお客様もすぐにわかる。問い合わせいただいたときに、「以前、○月△日にお買い上げいただいた○○様ですね。その節はありがとうございました。その後、商品はいかがですか」など、血の通ったメールをお届けすることもできる。

数字の推移や受注の傾向を見ることも大切だが、これを使って「お客様に何ができるか」と考えると、もっともっといろいろな効果を上げられるはずだ。

データベースに取り込んだ受注情報は、プリントアウトして製作現場に回す。

当社で一番こだわっている点は、受注生産品でありながら、注文をいただいた段階でお客様に納期返答を行うところである。

毎朝、7時45分から職人達と事務所で15分だけ打ち合わせを行い、工程のずれがないか、遅れが発生していないかの確認を行う。この工程表に基づいて、お客様に確実な納期を返答するのである。

また、出荷当日は、電話とメールの両方で出荷案内を行う。

コストや手間を考えるとメールだけですませたいかもしれないが、当社の商品を首を長くして待っていただいているお客様のことを思うと、やはり電話ですぐにお伝えしたい。

「今、出荷しました！」と電話すると、お客様から「ありがとう！楽しみに待っています！」という温かい声をいただく。それがまた、励みになる。

お客様のコメントを見ると、この電話に対する評価も多いことに気づく。

目先の利益にとらわれすぎないこと——手前味噌だが、人からの温かい声は気持ちのこもった行為の裏返しでもある。

胸を張ろう。

◉進化するネットと「個」の重み――顧客への姿勢

インターネットは進化し続けている。誰もがインターネットを通して情報を気軽に発信でき、双方向でやり取り可能になった。

ブログに「Twitter」「USTREAM」「You Tube」「Facebook」…。文字以外にも画像、動画配信など、出版会社、テレビ・ラジオ放送局、新聞社などが顔負けのサービスを使って個人が世界中に情報を発信するようになった。

「個」の時代の到来である。

今までは大会社の情報を受動的に受け取るだけだった「個」は、自分達で情報を発信できるようになったのである。

私がそういう時代の到来を痛感したのは2005年である。

当社では1ヶ月に1回、組子製品のプレゼントキャンペーンを行っている（2012年2月段階でプレゼント企画は第158回を迎えた）。

1回募集すると2000名～3000名の応募がある。

これが嬉しくて、延々と開催している。きっと、このホームページが存在しなくなるまで行っているだろう。

2005年に小さなラティスを当選商品にした。端材で製作したものだった。当選されたお客様にその製品を送ってしばらくしてからメールが届いた。

「タニハタさん、当選したラティスですが写真のようになっています」

と製品写真が付いていた。

右端の下部分の小さな桟が1本取れていたのである。

すぐに製作してそのお客様にお送りして差し上げればいいものを、「これを1枚だけ作ったらいくらかかるだろう…。まぁ、お金をいただいている訳でもないし、隅の小さな桟だし、これくらいなら大目にみていただけるのでは？」と、自分を中心に損得計算してしまった。

ネット販売を開始して5年ほど経過していたので、どこかにおごりもあったのだろう。

次のメールのようにお答えしてしまった。

すみません、ミニ・ラティスに関しては

端材を使用するため今回のようなものになってしまいます…。

大変申し訳ございませんが、何とぞご理解いただけますようお願いいたします。

お客様のお怒りは、私の予想を超えていた。

そのお客様はブログをやっておられた。今回のやりとりを、ブログで公開したのである。

その記事を見た他の方からも「何ていう店だ！」「職人の会社だからとチヤホヤされているんだよ」と怒りのコメントが続く。

すべて正論である。

ネット通販業者にとって「個」の重みが一番骨身に染みた出来事であった。

ちなみに、このブログを知ったのはやりとりから1年後であった。たまたま当社のキーワード検索をした際に、このブログの写真が表示されたのである。そしてその写真は7年後の今でも検索エンジンで表示される。これが、双方向時代のインターネット通販の怖さでもある。

私の対応は間違っていた。

当選された喜びに対して、不良品が届き、さらに店の不誠実な対応。落胆はいかばかりのことか…。

本当に申し訳ありません。

その写真を見る度に、自分の心がおごっていないか？　今も身が引き締まる思いである。

◉ろうあ者の職人——人から学ぶ

ある年、ろうあ者の組子職人が60歳定年で退職した。

会社組織であるので定年を設けているが、本人の希望があればいつまでも働いてもらっている。その職人も引き留めたが、体力の限界ということでお互い話し合って円満に退社することとなった。

彼は耳が聞こえない。言葉が話せない（こちらに伝わらない）。性格も結構やんちゃな方だったので、本人も大変だったと思うが、まわりの人達も一人前にするのに苦労の連続だった。

16歳で入社。小さい頃からよく遊んでもらった。そして、いろいろなことを教えてくれた。言葉は通じないが、なぜか気持ちが通じる。ニコニコといつも笑って話しかけてくる。

しかし、私が20代になり会社に入社してからは、彼に教えることが多くなった。そして「これくらいのことがわかんがけ！」と怒ることも増えた。小さい頃、あんなに遊んでくれた彼に、である。

一度、父に聞いたことがある。

「耳も聞こえないやろ。言葉も話せんやろ。それにやんちゃな人を何でうちでやとったがけ？」と。

何でそんな質問をするのかという不思議な顔で、父は答えた。

「あの頃はの〜、なかなか職人が集まらんでの。職安に募集をかけて来たのが彼だったがよ」と話してくれた。

少し拍子抜けした。

「でもの、あいつに『職人になりたいか』って聞いたら、なりたいっていうがや。それで決まりやちゃ」

昔の人は「人を雇う」ことへの腹のくくり方が並み大抵ではない。仕事を続けたいと言っている人を経営が苦しくなったら辞めてもらう、ということは絶対にしない。そのときは会社もろとも玉砕覚悟である。

しかし、当時の私は彼の劣っている部分ばかり指摘するようになってしまっていた。心のどこかで見下していたような気がする。

彼が退職してしばらくしてからである。彼の奥さんが亡くなり、葬儀後に彼が葬儀参列のお礼にお菓子を持って会社に来てくれた。

私の顔を見るとニコニコ笑っていた。60歳を過ぎたというのに小さい頃に遊んでもらったあの笑顔のままである。

葬儀の後だったので私は笑っていいのか、神妙な顔をしたらいいのかとまどったが、彼につられて私も自然に笑みがこぼれた。
「げ、ん、き、け？」
笑いながら小さい頃の二人のようにと身振り手振りで話しているうちに、いろいろなことが思い出されて目頭が熱くなった。

当時の私は、人を「人」として対等に見る思いやりの心に欠けていた。知らず知らずのうちに人が、売上を上げるためのモノ・道具のように見えてしまったのかもしれない。仕事をやってくれる職人達に、素直に感謝しているだろうか…。

人を育てている、教えているつもりが、逆に教えてもらっている。
そもそも「人を育てる」というのは上から目線の言葉である。
その人を雇っているから、
役職がついているから、
スキルが高いから、
年をとっているから、
有名だから…。
そんな理由だけで人を上から、心から見下してはいけない。人生を楽しむコツは心が常にニュートラルに入っているかどうかだと思う。

完璧な人間、人生など存在しない。どんな人も自分の先生になり得るのだ。

２０１１年、親戚筋のお寺の住職が亡くなられた。保育園の園長もされていた方で常々「子ども達から元気をもらっている」と話をされていた。85歳の方であったが、いつも本当に笑顔でハートフルだった。

生かされて、生きてきました
生かされて、生きていこう
楽しく
明るく
仲良く、生きましょう

常に教えられる存在であるということを忘れないでいたい。

ちなみに、私がうちの職人、社員に「上から」叱るのは、「職人としてあるまじき行為をしたときだけ」と心に決めている。当社「ＴＡＮＩＨＡＴＡ」のロゴマークの下には「ＣＲＡＦＴＳＭＡＮＳＨＩＰ：職人魂」と記載してある。会社の経営理念である。

自分の魂の一部を作業の中に入れ込み、使用する相手のことを考えながら仕事をする人、そういう職人集団になること。その結果、モノや自然を大切に、人の心、命を大切にする社会・日本が築かれていくと、私は心から信じている。

社員14人の小さな会社だが、「気概」だけはどこの会社にも負けない。気持ちが入っていない、いい加減な仕事をしたときは烈火のごとく叱る。製品を期待している人の心を裏切る行為だから、である。

ただ、叱っているときも、極力感情的にならず、「わかってくれ、わかってくれ」という気持ちで叱るよう心がけている。

◉仲間をつくるということ――ネットワーク

ＩＴ業界の技術革新はとても速い。猛烈なスピードで時代は変わり、5年前は業界ナンバーワンだった企業が今では見る影もないのを目の当たりにすると、この恐るべき勢いで流れてくる情報と変革の波をどう整理して、受け止めればいいのか、一人では判断できないと思うことが当然ある。

富山県の支援機関である財団法人富山県新世紀産業機構が開いているＩＴを活用するための研究会「本気でねっと」に正式入会したのもその理由からである。

「本気でねっと」――実にわかりやすいお気楽な名前である。その名の通り、「本気でインターネットビジネスに取り組む会」である。

ＩＴコーディネータ（略称ＩＴＣ）の合田さんという方が名付け親で、15人くらいいるメンバーも皆、気を遣わないお気楽メンバーである。

古材で味わいのある住宅を作る会社・アキさん、プロポリスで日本人を健康にする信念の人・松本さん、50代でＩＴコンサルティング会社を立ち上げた頑張り屋・土谷さん、ブランド構築の頼れる専門家・斎藤さんなど個性的な面々が集まって日々勉強している。

ＩＴから受ける堅いイメージとは違い、本当にニコニコ、ワイワイのさわやかなメンバー達である（ということにしておこう…）。

現在でもフェイスブックやメーリングリストで情報交換したり、月に1回、実際に集まり、本気でITに関する勉強をしている。

楽天に出店した2000年頃は、こうした会に入る必要性をあまり感じなかった。そんな時間があるなら、自分で調べてさっさと更新作業をした方が、時間に無駄がない。私の心に余裕がなかったせいもあるだろう。

家族の顔を見るよりも、パソコンや携帯電話の画面を見る時間の方が長くなっている時代である。知らないうちに生の人間関係が煩わしいと思うアンドロイドのような機械人間になっていたのかもしれない。

支援機関である富山県新世紀産業機構の蒲田さん、太田さんという方が、私達のような零細企業のために優しく一生懸命に対応・行動してくださる。本当にありがたい。

いつかお二人のために、私が感謝の気持ちを込めて木彫りの像を作ってさしあげたいと思っているが、木彫刻は本業ではないので、まだ「思い」だけである。

私はこの会に入ってどんなに救われたことであろう。

様々なITの専門家やショップ運営者がいるので、すぐに情報を聞けるというメリットもある。

それ以上に、心がすさんでいたときも皆の笑顔に励まされたことがありがたい。

実は、富山県の隣の石川県、その隣の福井県にも同じようなIT勉強会が存在する。２００８年には北陸3県で集まって情報交換をすることになった。グループの名前は「北陸三国志ネット交流会」。

これもまたわかりやすいネーミングである。皆、諸葛孔明や劉備になりたがるので、あえてどこの県が蜀の国かは決めていない。

中心メンバーは遠田さん、川中さんというITCの方々である。特に遠田さんは、ITを生業としている方なら、一度は会われることをお勧めする。

知識もすごいが人間力もすごい。趣味が「オヤジギャグ」ということなのだが、真面目なセミナーの講演で、「アルミ缶の上にあるみかん」というオヤジギャグを写真付きでぶっ放す強者である。もちろん、会場はシ〜〜ンとなるのだが…。

フェイスブックでメンバーを２７３人も集めてオヤジギャグ大賞を開催していてその様子が見られるので、ぜひ一度お目通しいただきたい。

メンバー同士で最近は、工場めぐりもしている。

私の工場にも来ていただいたし、石川県の有名ネットショップ・ダンボールワンさん、ワインの超有名店・西田酒店さん、福井の〈石臼で挽くそば粉工場〉カガセイフンさんにもお邪魔し、初めてそば作りも体験した。生涯最高のそばを食べさせていただいた。工場体験の後は必ず、率直な情報交換を行う。これが決まりである。

それぞれの工場・お店は大量生産で製作しておらず、少量受注生産、または細かいサービス。当社と同じでアナログであるが、ＩＴを駆使している。ローテクであり、ハイテクでもある。それぞれの長所を使い分けている。中小企業、零細企業は、これが最高の武器である。

▲仲間との交流

ただ、人の手で作るから、大手企業のように売上や利益がガンガン上がることはないと思う。反面、人と人の温かい励ましや笑顔がそれを補ってくれる。お金に苦しんだはずの私が、お金が何よりも一番と言わないのは、こういう人と人のつながりが、本当に嬉しいと感じるからである。

ＩＴは決して冷たいものではない。人と人を結びつける温かい役目もしている。ＩＴを使って懸命に生きている人には「幸福感」という小さな利益もオマケについてくるのだ。

第七章

海を越える！　職人魂

◉作家と職人、作品と製品

職人という言葉を当たり前に使ってきたが、職人と作家の線引きは難しいところがある。私なりの区別をしているが、作家に比べて「職人」は格下に見られやすい。「職人風情が」という言葉のように、差別的な意味が含まれることもある。「職人が嫌いだ」という人も知っている。

ある時、ものづくりをする方に「我々は職人ですからね」と共感の意を伝えたところ、ムッとした顔で「おれはな、作家のつもりなんだよ」と言われたことがある。

作家は自分の名前で作品を売る。自分という人間、自分のデザイン、作品の雰囲気(作風)を気に入ってくれる方が自然とファンになり、お客様になる。自分を中心に広げる構図である。

製作する時間も、使用する素材も、最高のもの、最高に近い部分を選ぶ。すべての製作工程を自分で受け持つ。あまり人と分担して製作はしない。

一方、「職人」は泥臭く地味である。

自分のクセはあるが、作風は持たないことが多い。自分個人の名前でモノを作らないし、自分の名前で売らない。昔から受け継がれたような製品または商品を作る。どちらかというと「技術」を極めようとする。

自分がまず中心ではなく、勤めている組織、市場やお客様の言われることが優先である。価格・コストも重要視する。共同で作り上げる場面も多い。

どちらが魅力的に感じるだろうか？

ものづくりを目指す若い人は、「作家」指向が強い。それでいいと思う。そういう人達も日本の宝である。

しかし、私は「職人」を愛している。

愚直に、まっすぐにただひたすら作り続ける。自分が損してでも相手がにっこり笑ってくれるだけで、「まぁ、しょうがねえか」と嬉しくなり、またやってしまう。

どちらかというと、生き方が下手で、何でもできるタイプではなく、鈍くさいかもしれない。それでいいと思っている。

現代の日本にはサムライは残っていない。しかし、まだ「職人の心」「職人魂」は残っている。日本人が引き継いできた多くの精神は職人が持っている。

私のいう職人とは、手作業でものづくりをする人だけではない。

料理人、小説家、記者、経営者、ボランティア、政治家、教職…、すべての職種に存在する。

自分の魂の一部を作業の中に入れ込み、それを利用する相手のことを考えながら仕事をする人を指す。この国を大切に思い、自然と大地を敬い、自分の分身である作業道具、材料を大切に、人の縁を大切にする。時には自分の命、利益をすり減らしてもその仕事をまっとうする人のことをいう。

ほんの少し前の日本人が少なからず持っていた心である。日本のあちこちに、そういう人・風習がたくさん残っているはずだが、職人魂がおろそかにされている気がしてならない。

残念ながら、この国の大半は、西洋的な経済偏重のツケが回ってきて、大事なものを失いかけているように思う。

司馬遼太郎は、『この国のかたち』の中で「日本は商人国家」といい、「歴史的に日本の商人は十分に魂の入った存在だった」と過去形で述べている。

職人魂、政治家魂、先生魂、記者魂…。「魂の仕事」ができる人はいなくなったのではない。皆、〝何か〟に囚われて、忘れてしまっただけだと信じている。

ぜひ、思い出そうではないか。

◉ベテラン職人の耳

「職人」の職の字は耳に音と書く。

耳のみならず、五感を駆使して、モノを作り上げることが要求される。

先日、私が現場に入ったところ、1台の機械の刃物の回る音が、少し鈍い。見ると機械の部品が消耗してダメになっていた。

この機械とは、ずっと一緒にものづくりをした時期があり、私が現場を離れた今でもこんな風に機械から声をかけてくれる。

このとき、横にいた若い職人に、「音がいつもと違うだろ。わかるか?」と聞いたが、「わからない」と答える。

「ほら、音が、低音が、交ざっているの。わからんか?」と説明しても、首を横に振る。

若い職人に仕事を教える、というのは難しい。作業現場には、こんな風に音や色、香り、温度などがついて回る。しかし、これらは人から教わるものではなく、自分自身で、五感で、感じとることなのである。

普段の仕事への姿勢・思いから出来上がるのが職人の感性なのである。

若い職人とベテランの職人、二人並んで鉋で木を削らしてみよう。どちらの姿勢、身のこなしが無駄なく、美しいだろうか。

ベテラン職人の方が、隙が無い。余計な動きが無い。

長い時間をかけて、鉋で作業するうちに、自然体の動きになってくる。

そこに「仕事への前向きな姿勢」がプラスされると、よりスピード感が増す。

「今日までにこの仕事をあげて帰る」「次はあの仕事をこなす」――いろいろな要素が混じり合い、美しい動きに変わる。

最近はセミナーやマニュアルに頼る若い人達が多いが、頭の知識だけでは成長に限界がある。職人としての気っ風、身のこなしは、「教える」ものではない。
(先輩の姿を)見て
(作業する音を)聞いて
(材料・道具に)触れて
体を動かし、それを「継続」させることだと思う。業種により、匂いや味がプラスされる。
繰り返す過程で仕事に対する本当の疑問、悩みが出て成長し、「職人」として肝もすわり、職人らしい身のこなしになってくる。
この「最後の最後の部分」を若い職人になかなか伝えられないのが、もどかしい。

◉生涯現役でいこう

いつの頃からだろう。「働く」というと、何か悪いことをしているようなイメージがついてまわるようになったのは。

当社では、71歳の職人がまだ働いている。

工場長は65歳になった。

休日でも道具や材料の点検のために工場に来て段取りしたりする。土俵に上がる前の仕事がどれだけ大切なのかを、教えるでもなく、ちゃんと把握している。働かせているつもりはない。本人が「辞めたい」と思ったときが、引退のときである。

私は、「仕事場で死ぬのもそれは良しだろう」と笑いながら話している。本人達もその気であろう。体力や気力も必要とされる現場である。最後は自分の気持ちが重要である。

高齢化社会になった。

今の社会はある程度の年齢になると、体が元気でも引退させられる。その後、年金生活である。

しかし、その年金が足りない、税収を上げよ、という。出生率が低くなり、若い人が少なくなっていく。その少ない若い人が、多くの老人を養うカタチとなってくる。この国は「若い人が老人達のために働き、元気な老人が長生きしているだけの国」になる。

若い人がこの日本に絶望してしまう……。

体が動かない方は、皆で支えなければならない。しかし、今日60代の人はまだまだ元気だ。働くことは人間にとって「基本」の喜びではないだろうか。

体が動く元気なうちは、何歳でも働くべき、というのが、私の持論である。年金のニュースが流れるたびにそういう社会にならないものかと考える。

2010年6月、テレビ大阪系列の『和風総本家』という番組に当社が取り上げられた。和に関する様々な物事を紹介し、日本の良さを地道に伝えている素晴らしい番組である。

報道系の場合は、時間に追われての取材なのでカメラマン、インタビュアーなど2～3人で来社されて2～3時間ほどで撮影が終わることが多いが、和風総本家の場合は、4人で来社されて朝から夜まで撮影していかれた。

映画で使用するような大きなクレーンまで工場の中に持ち込まれたのには、目を見張った。気持ちの入った撮影である。

撮影から数週間して番組放映の日を迎えた。

いよいよタニハタの組子欄間が紹介され、組子の製作風景が流れた。木材を工場の中に入れて、木を割り、加工し、組子を組み付け始める…。すると、タレントの方達から、「お～、すげ～」「うわ～、みごと～」「きれい～」という驚きの声があがる。

最後に工場長・高島が、字幕付きでこう答えたのが全国放送された。

「これからまだまだ私も挑戦したいと思う。命ある限り。木が好きなんです。木を心から愛しています。こういった仕事が大好きなんです」

横から、「目がキラキラしている！」という司会の方の声が聞こえてきた。

誰かが教えた訳ではない。職人としての生き様であり、姿勢である。だから自然に言葉が出てきたのだろう。

命ある限り挑戦――。

この姿勢がある限り、私もこの人を命懸けで支え続ける。

ぜひ、この思いが若い職人達にも伝わってほしい、と願うばかりである。

職人とはどうあるべきか。

職人とは職人臭きをよしとぞ思う。

職人たる者は修行中の手元職人なりとも、職人の心を持つべし。

◉木が人を豊かにする

当社の組子欄間の木材（無垢材）は杉、檜、ヒバ材などの針葉樹が主である。広葉樹は堅く、重く、椅子やテーブルなどの家具や床材などに主に使用される。針葉樹は、広葉樹よりは柔らかく、軽く、加工しやすい。主に建具や建築構造材などに使用される。

現在、ドアや枠材などの室内装向け木商品は人工材が主流である。ＭＤＦやＬＶＬという木の粉や薄板を接着剤と練り合わせて製作した人工木材などの基板材料に、印刷した紙などを貼って木のようにしている。

印刷技術が発達して凹凸などもあり、一見、本当の木に見える。御自宅のドアなど眼をこらして見ていただきたい。

木の特徴は無くなるが、大量生産に向き、品質が安定し、安価という特徴がある。少しグレードの高いものになると、本物の木をスライスしたものを貼ってより木に近くしている。

私も東京の建材メーカーで販売していた時期があり、素晴らしい技術だと感じた。こういう製品が無ければ、もっと味気ない素材を部屋の中で使用せざるをえなかっただろう。

ただ、市場の大半を占めてしまった結果、これを「木」と思う人が多くなったことに、私は危機感を持っている。

当社の製品は8割以上が「無塗装品」である。木の表面にニスやウレタンなどの塗装を施していない。色を塗っていないので、木が裸の状態である。

製品をお届けすると、まず最初に驚かれることが「木のにおい」である。ダンボールを開けたとたん、家の中に木のにおいが広がる。

購入されたお客様のコメントにも「におい」に関する記述が多く、ほとんどが「癒される」「心地よい香りが家に広がった」というものだ。

お客様によってはその香りに驚いて電話してこられる。

「これは塗装の匂いですか？」

「接着剤はこんなに匂うものなのですか？」

中には「臭(くさ)いんです。どうにかなりませんか？　この匂いはいつまで続きますか？」という人もおられ、電話をいただくこちらが驚くほどである。

当社の工場に来られると、ほとんどの方が「工場内は木の香りがしますね」とおっしゃる。木は香り以外にも質感、色味、温かみが心を癒してくれる。人間の五感を刺激してくれる。

木は生き物であり、人間に一番近い素材である。理屈抜きで、木の空間にいると「心地よい」と体が感じる。

無垢材は、加工した後も伸縮を続け、空間の湿度を調整してくれる。また、天然の木は人間の眼に最も優しい色といわれており、酷使しがちな現代人の眼を癒すには最も適した色である。

木が発散する芳香性物質（フィトンチッド）には鎮静作用があり、ストレスなどを解消させる効果がある。最近では公立の小、中学校に昔のように木造建築が採用され、全国では２００校以上を数える。木造を採用したことで生徒の情緒が安定してきたというデータもあるくらいである。

しかし、こんなに素晴らしい効用がありながら、木材（無垢材）を加工できる職人がすごい勢いでいなくなっているという事実がある。

日本最古の木造建築、法隆寺に見られるように日本は昔から「木の文化」といわれている。いや、「あった」と過去形なのかもしれない。

現在、住宅の構造材の加工方法は、大掛かりな機械で木材を切断したり加工して現場で組み立てる「プレカット」という方法が主流になり、大工職人が現場で加工する機会はほとんどない。

マンションでも、合板を貼り合わせたフローリング、木目を印刷した造作材やドア…など、無垢材は使用されず、加工する職人は消えていく現実がある。
都市圏の大工さんから、「欄間の取り付け方を教えてくれ」という電話が入ることもあるほど、技術が失われている。

天然材（針葉樹）の最大の欠点の一つは、アテ（曲がりが強い部分）が多いこと。曲がった木は選別が容易だが、「曲がりそうなまっすぐな木」を見分けるのが大変なのである。

これは熟練の職人でないとできない。木目や重さ、温度（アテ材はなぜか少し冷たい）、質感を見ながら1本1本、職人が選別する。

それでも木は曲がる。正確にいうと本当に真っ直ぐな木は存在しない。製品にしてから問題が生じないように木材を乾燥させ、曲がりをとったり、曲がっても問題がない部材へ使用する見極めが職人の技術である。

宮大工で有名な故・西岡常一氏は「木に学べ」と言われたが、木から学ぶことは本当に多い。木をもう少し生活に取り入れるだけで心が豊かになると思う。

木の文化の衰退に危機感を覚えているのは私だけではないだろう。

もっと天然木をこの国で使用してもらいたいと心から願うばかりである。

◉職人として他国の文化を知り、自国を誇る

２０１１年秋、韓国から組子欄間の注文が入ってきたのをきっかけに韓国に研修旅行に向かった。以前より中国格子の引き合いが多くなっていたのも理由の一つである。

会社としては初めての海外研修である。富山空港からは2時間あまり。２泊３日で実質滞在時間は48時間程度。海外というには、かなりの近さである。

初日は定番コースを巡り、２日目に李朝の正宮・景福宮を見てブッチョン（北村）に入った。ブッチョンは数多くの韓国の史跡と文化財、民俗資料を保持しており、都心の中の博物館とも呼ばれている。

組子は、中国文化の影響も受けている。

日本最古の木造建築「法隆寺」には中国南北時代の様式が見られ、飛鳥時代の建築物は中国の影響を大きく受けている。ただ、日本の風土に合ったデザイン、技法に変えて取り入れていったところが古代日本人の知恵である。

韓国でもやはり中国（建築）の影響は大きかったようだ。テレビで放映していた韓流時代劇でも、背景に様々な中国格子が見えた。

ソウルの無形文化財、職人・沈龍植氏の工房にお邪魔した。

沈さんは韓国で40年の間、韓国の伝統的な格子窓、建具の製作を続けてこられた方である。韓国の伝統的な建築物の建具製作、李王朝の王室部屋の建具の他に著名人の家の建具製作の実績を持つ。

突然の訪問にもかかわらず、気さくにタニハタの職人達の質問に答えてくださり、住宅の中まで見学させていただいた。

日本の組子技術とは、素材の使い方や組み付け技法、意匠など微妙に違う部分があるが、どの品も仕事は丁寧で心を込めて製作しているのがよくわかった。うちの職人たちも目を見開いて、何かを感じているようだ。

言葉は通じなくても、お互いの目を見て、木に触れただけで心が通じる――

「職人って本当に素晴らしい！」と心から思った。

今後の交流を約束して、日本に帰った。

◉作業場とサッカーボール

韓国の沈氏の工房を訪問してから「仕事をする場所」について考えるようになった。私の工場よりは狭かったが、「モノを大事にしよう」「人に見ていただこう」「快適に仕事、生活をしよう」という気持ちがあふれていた。

ちょうど木工教室を行っている最中で、若い生徒さんが熱心に取り組んでいた。これまで、全国各地で整理整頓されている大工場、最先端の機械が綺麗に配置され大きな通路が確保されている立派な工場もたくさん見たが、正直あまり心に響かなかった。

「中小企業の」「職人の」作業場として共感する要素が無かったのである。しかし、あの工房のことは頭から離れなかった。他国の文化を通じて自分たちの長所短所が見えてきたのだ。

敷地は狭いけれど、作ることに対しての意気込みを伝えられる、自国文化を守りその素晴らしさを発信できる作業場、ショールームにできないだろうか、と。良い商品を作るためには土壌をまず綺麗にしなくてはならない。もっと、もっと――その思いは強くなった。

２０１１年秋から工場の大整理を始めた。

前回は会社の「効率」「合理化」という観点から、私の判断で機械や配置の入れ替えを行った。今回は社員・職人の目線がまず最優先である。「快適に作ること」「見てもらうこと」「体験してもらうこと」「発信すること」が可能な工場にする。しかし、また銀行から設備資金を借り入れることはしたくないので、すべて自前、手作りである。

ピラミッドの石を積み上げるように、時間をかけて工場を作り上げてもいいではないか。皆とともに考え、ともに理想の作業場を創り出し始めた。

・5年以上使用していない古い機械をすべて売却し、処分整理した。
・工場の中に散らばっている道具類を一度、一ヶ所に集めて、使用するものと展示するものに分けた。
・25センチ以下の短尺材を再利用するために短い材料を加工する型などを開発し、組子欄間に生かした。
・大型化する組子欄間に合わせて作業台も自分達で作り直した。
・組子の歴史を見てもらえるようにミニ展示館を作った。
・気概のビルを売り払って、半ばやけっぱちな気持ちで会社の中から神棚を取り払い倉庫に入れたままにしていたが、新しい神棚を事務所に取り付けた。

味わいのある古い神棚は会社の大事な一部であるが、過去にとらわれず前に進みたいと思った。味わいのない新しい神棚に「心」を入れていくのはこれからの私であり、新しい職人たちである。
・工場の2階スペースを空けて、いろいろな人が組子体験してもらえる場所を作った。
子ども達を呼んで組子体験をしてもらいたい。微力ながら未来の職人も育てていきたい。

職人からもいろいろな意見が出てくる。韓国の研修体験はタニハタに何かを芽生えさせた。海外の職人達にも胸を張ってうちの工房を見てもらえるように変わりたい。少しずつ、少しずつ、前向きに。

事務所の中に1ヶ所、だれも使用していないスペースがある。父が小さな作業をしていた事務机である。もう長い時間が経過するのに、ここだけは片付ける気持ちが起こらなかったが、思い切って整理することに

▲小学生を対象にした組子教室

した。

一段一段、ゆっくりと机の引き出しを開けていった。

老眼鏡。古い名刺。コンパス。寸法を測るためのノギス。たくさんの木の破片に混じって木で作った小さなサッカーボールの模型が大小3つ出てきた。

以前サッカーのワールドカップがあったときに「組子でサッカーボールの模型作れんかね」と私がぽろっと話したのを真に受けていたのであろう。

いつの間に作ったのだろうか？

小学生の工作のように、セロハンテープでベタベタ木の破片をくっつけただけのものである。本当に組子でボールを作るつもりだったのだろうか。

これを見て…、何か笑ってしまった。

最後の最後まで、挑戦する職人だった。ガタガタのボールに触れているうちにあの無骨な手のぬくもりが戻ってきた。

（もう、いかろう。この机の中のモノ…全部、片付けるからの）

そっと引き出しを閉じた。

◉世界に響け、職人の心意気

ＩＴは、タニハタを大きく変えた。

特にインターネットは、当社のような小さな会社にも世界中にモノが売れる可能性を示してくれた。パソコンで、携帯電話で、メールなど15年前にはなかった手段で、全国各地のお客様が、24時間、注文してくださるようになった。

一方で、パソコンの画面やカタログでは物足りずに「直接、組子欄間や引き戸を見たい」という声もいただくようになった。

わざわざ東京から車を飛ばして、富山の工場まで見に来てくださる方も多くなった。最初はありがたい、という気持ちだけだったが、たびたびになると申し訳なく、恐縮するようになってきた。

当社のお客様の半分以上は関東の方である。

そこで２００９年2月、東京・新宿に展示場を作ることになった。

借りたのは新宿御苑前にある「４０３ギャラリー」という共同展示場である。説明スタッフも常駐されているのは助かった。

畳4畳ほどのスペースであるが、当社には充分である。スタッフの方も皆、気さくな方ばかりで、積極的に当社の商材をＰＲしていただいている。

ここでお客様と商談をしたり、20人規模の説明会をしたり、組子の実演会をしたり、アクティブに使える。こうした拠点ができたのは、大きな意味があった。

場所柄、外国のお客様も多く、先日もある大使館の方がこのギャラリーに来店され、特注で格子衝立を注文された。

ギャラリーオーナーの用丸さんは英語が堪能であるので、商売の幅も広がった。

ある日、用丸さんが電話（英語）で商談されているのをじっと聞いて、しみじみ感じた。

「組子欄間は外国でも売れる可能性があるのに、まだ躊躇している部分がある。

ITだけで満足していてはいけんなぁ。

壁の中だけにこもっとっちゃあかん。

▲東京・新宿御苑前にあるギャラリーの展示風景

いろいろな国に日本の組子欄間や格子戸を知っていただくように、可能性に挑戦せんにゃの。

もっと積極的に打って出なくちゃならん」

伝統工芸は、技術、伝統、ノウハウなどを「守る」ことが使命のようなところがある。しかし、「攻める」精神が消えてしまった時点で輝きが失せてしまう。私は音楽が好きである。ローリングストーンズを今でも聞く。25年前の東京ドームコンサートにも行った。彼らはもう60代になってしまったが、常にアグレッシブで挑戦的である。数年前にキース・リチャードがルイ・ヴィトンの広告に出ていたのはさすがに驚いた。

ローリングストーンズは昔と同じなのであろうか？　同じではない。時代に合わせて、少しずつ変化している。自分達のスタイルを保ちながら、変化する音楽環境にも対応し続けている。守りには入っていない。挑戦する精神である。

伝統は「守り」でもあるが、「挑戦」でもある。

「俺達はもうここまでだ。ここら辺がいい塩梅だ」――そんな伝統なら、不要であろう。

ニューヨーク。

２０１１年に一度、ジェトロからお誘いがあったのだが、「うちのような小さな会社が」と腰が引けてしまい、お断りした経緯があった。

しかし、今度は決断した。２０１２年5月、「ニューヨーク国際現代家具見本市（ＩＣＦＦ）２０１２」に出展する。

今、タニハタには元気な中国より北米圏からの問い合わせが多くなっている。

「なぜだろう？　私が組子欄間を持って現地の声を直接聞くのが一番である」と思った。

よし、エンジン全開である。

組子欄間を作る音をニューヨークに響かせてやる！

日本人として　伝統を守る者として、私もまだまだ挑戦する。

職人達と同様、命ある限り。

◉玄翁の唄

父が亡くなってから五回目の元日の朝、私は中学生の息子とともに作業場の入口に立っていた。

物心ついたときからのタニハタの正月行事で、工場の中にあるすべての機械に御神酒をかけ、1年の無事を祈念するのである。神棚を倉庫にしまい込んだ期間も、この行事だけは一度も途切れることは無かった。

最先端の機械は1台もない。私が生まれた年の機械も、まだ現役で動いてくれている。うちの職人と同じで、故障もせずに本当によく働いてくれる。

「今年も怪我せんように頼んます」と心で願いながら機械にお酒をかける。息子もお酒を手に持ち、あっちこっちの機械にかける。

外は雪が降っている。

吐く息が白く、暖房を入れていない作業場はすぐに体の芯まで冷たくなる。

「おい、機械の足元にかけるがやぞ。大事な部分にかけると錆びて動かんようになるがやぞ」

早く終わらせたいのか、調子にのって御神酒をかけている子どもに注意した。

「父さん、じいちゃんが亡くなってから毎年これやっとるけど、機械にお酒なんかやって何かいいことあるがけ?」

私が小さい頃、父に質問したことを丸刈り頭の息子が聞いてきた。

「古い機械や道具には、1台1台すべて心が宿っとるがやぞ。お酒をかけて、心から感謝すればまた1年働いてくれるがやちゃ。お前はそのおかげで生きとんがやぞ」

諭すように話したつもりだが、「ふ〜ん…」と、機械になんで心があるかと理解できないという顔である。

「お前もいつかわかるときがくるちゃ」

そう言って青い丸刈り頭を撫でた。

御神酒をかけ終わり、再度工場の入口に二人で立つ。

伝統木工技術「組子」。

それは世界で一番小さな、誰も知らない日本の伝統工芸である。

しかし、私は胸を張って、これからも日本中に、そして世界中にこの組子の素晴らしさを知ってもらえるよう、挑戦していきたい。

寒い静かな工場の中をぐるっと見渡し、目を閉じて息子と二人で柏手を打つ。

工場の中は静まりかえっている。

静かで寒い作業場の中で目を閉じると聞こえてくる。

小さい頃、聞いたあの音が。

コンコンコン、

ドンドン、ドンドンッ、

カンカンカン…

玄翁で「戸」を打ち付ける音。軽快に立ち回るあの頃の職人達の姿とともに。

その飾り気のない質素で無骨な音色は、時には強く、時には高らかに、時代の流れにくじけそうになる私の心を熱く打ち続けてくれる、昔かたぎで時代遅れの者たちの頼もしい唄なのである。

あとがき

「こういう伝統技術は大切なものだ」

「職人の仕事、昔の考え方は残さねばならない」

そう理解してくださる方は最近多いと感じる。

しかし、素晴らしい技術で作られた昔ながらの製品（サービス）を購入される方は、現実にはとても少ない。購入される方がいないということは、職人の生活が成り立たず、技術伝承も途絶える。

私の周りの（素晴らしい技術を持った）職人達もたくさん廃業していった。

右肩上がりで成長した日本は大量生産・大量消費で、昔の生き方や非効率なものを切り捨ててきた。「組子欄間」はその代表製品といえるだろう。経営者としての私は、数億円の借金にまみれて七転八倒し、自分が生き残るために、目的を取り違えて大事なものを切り捨てようともした。

タニハタは〈新商品開発〉〈新規売り先開拓〉〈売り方模索〉〈作り方を改良〉しながら、いろいろな人達の力添えもあり、地の底から何とか小さな光の粒を拾うことができた。運も良かったと思う。

昔の技術・モノ・考え方を大切にしながらも新しい技術・情報も積極的に仕事に

取り入れていくことが重要になってくる。特にＩＴは重要である。デジタル、アナログ…両極端なものではあるが、どちらも必要である。

荒波の大海をどう進もうかと悩んでいる会社、真っ暗な砂漠の深い穴に入ろうかと思っている方——皆さんと共に前に突き進みたいと思う。

理想論かもしれない。でもあきらめずに私は言い続ける。

日本人全員で胸を張って〈真のメイドインジャパン〉を
日本人の心意気を
職人の国の気概を
世界中の人達の胸に
そして　子供達の胸に響かせる日がくることを。

そう願うばかりである。
自分自身のやるべき仕事…天命を知り、それをまっとうすること。
そして、そういう人が作り出す商品価値をわかってくれる人が増えるように。
日本が数字や量だけを追いかける社会から「質を大切にする社会」に向かうことを、心から祈っている。

最後に、本書は様々な方々の支援があってこそできたものである。お名前を上げて深く感謝申し上げたい。

ＩＴＣ富山メンバーの皆様、吉田さん、梶野さん、二上さんには特にお礼を申し上げたい。富山県新世紀産業機構・スタッフの皆様、本気でねっとメンバーの皆様、北陸三国志メンバーの皆様、特に写真の協力をしていただいた三浦さん、独立行政法人日本貿易振興機構の皆様、楽天市場スタッフの皆様、富山商工会議所の皆様、富山県総合情報センターの皆様、富山県中小企業団体中央会・米谷さん。ネットショップを運営する上で大切なことをを教えていただいた教材ドットコムの吉田先生、ＯＳＭＣの森本先生、創の村上先生、A-Commerceの笹本先生の四名の先生方には深謝の気持ちでいっぱいである。エイチ＆リレーションズ ジャパンの西やんには「箱」の考え方を教えていただき、改めてお礼を申し上げたい。

そして、タニハタＯＢ会の皆様、また大変な経営状況の中、私についてきてくれたタニハタの職人、社員、家族達。感謝、感謝である。

最後に、発刊、編集にご助力いただいた「COMPASS」の石原編集長とリックテレコム様には末尾ながら心よりお礼申し上げたい。

２０１２年４月
谷端 信夫

著者紹介

谷端 信夫（たにはた のぶお）

1966年富山生まれ。富山県立富山商業高等学校、立正大学経営学部を経て、1988年から東京の建材メーカーに4年間勤務。1992年、父親が経営する組子欄間店の跡を継ぐために富山に戻り、職人として5年間修行する。2000年からインターネット販売を行い、全売上の9割近くをネット販売が占めるまでになる。
2003年、代表取締役社長 就任。

株式会社タニハタ
〒930-0816 富山県富山市上赤江町1-7-3　TEL：076-441-2820　FAX：076-432-2795
＜東京新宿403ギャラリー＞
東京都新宿区新宿1-2-1-1F　TEL：050-3318-4647
日祝休 営業時間：AM9：00～PM6：00

1959年　谷端組子店として創業。その後タニハタ工芸に社名変更
1998年　株式会社タニハタとして法人化

■主な受賞歴（内閣総理大臣賞は先代）
1977年 全国建具展 内閣総理大臣賞受賞／2001年 グッドデザイン賞受賞／2006年 IT経営百選 最優秀企業賞／2009年 元気なモノづくり中小企業300社／2010年 中部IT経営力大賞 優秀賞／中小企業IT経営力大賞2010 IT経営実践認定企業／2015年 アジアデザインアワード（香港） 銅賞／2017年 iFデザインアワード（ドイツ） 金賞

■ホームページアドレス
和風欄間・格子の引き戸 タニハタ　https://www.tanihata.co.jp/

世界《せかい》に響《ひび》け 職人《しょくにん》の心意気《こころいき》
──ITを武器にものづくり復権を目指す、小さな組子メーカーの生き方──

2012年5月1日 第1版第1刷発行
2017年5月18日 第2刷発行

著　　者　谷端 信夫
発 行 者　土岡 正純
編 集 者　石原 由美子（中小企業のIT経営マガジン「COMPASS」）
発 行 所　株式会社リックテレコム
〒113-0034　東京都文京区湯島3-7-7
振替　東京00160-0-133646
TEL　03（3834）8380
FAX　03（3832）8337
http://www.ric.co.jp/
https://www.compass-it.jp/
（「COMPASS」のサイト。ご感想はこちらまで）

制　　作　株式会社リッククリエイト
印刷製本　壮光舎印刷株式会社

ISBN978-4-89797-894-9　C0034